eラーニング

―実践と展望―

NPO法人 デジタルコンテンツ協議会 編

米田出版

eラーニングの新しいパラダイムを求めて

　本書は、NPO法人デジタルコンテンツ協議会（DCC）に参加する大学人および企業人が毎月開いている「e-Learning研究会」の場で企画されたものである。日頃はeラーニングを通じて学生に接したり、eラーニングを営業したりという仕事をやっているメンバーが、現実の課題の中に身を置きながらも絶えず次の時代のeラーニングのあり方を追究する姿勢を忘れないようにしようということで集まっている。現実に即しながら理想を追う、というのがわれわれの姿勢であり、本書もそのつもりでそれぞれの得意とするところを分担執筆した。

　「情報革命」という言葉が巷に現れて久しい。農業革命、産業革命と人類の歴史で大きな転換を遂げる出来事があり、それに匹敵する出来事として情報革命が語られている。革命というからには、そこにはパラダイムの転換がなければならない。では、情報革命におけるパラダイムの転換とは何だろうか。人々の考えが、太陽が地球の周りをまわる天動説から地球が太陽の周りをまわる地動説に変わったことを「コペルニクス的転回」といったように、情報革命にも社会の大きな質的変化があるはずだ。農業革命は狩猟・採集生活から食糧生産へ、産業革命は道具を使う社会から機械社会（工業社会）への変革を果たしたが、いずれも拡大再生産の道だった。その弊害が現れ、今人類の生存を脅かしていることを考えると、現代における革命は、大量生産・大量消費・大量廃棄の社会システムから持続可能な社会への変革を果たすべきではなかろうか。情報革命が実現すべき現代のパラダイムの転換はそこにあると思う。そこでのキーワードは、地球市民意識と情報通信技術（ICT）である。

　eラーニングはいうまでもなく社会の情報化の重要な一翼を担っている。そして、地球市民意識の広がりには教育が重要な役割を果たさなければなら

ないことを考えると、情報革命におけるeラーニングの役割が見えてくるように思う。eラーニングに関わっているわれわれは、大きな歴史的流れの中に身を置いているということを忘れてはならない。大きな宇宙の時空の流れの中で、地球という小さな星の一点にすぎないところのさらに一都市において、毎月1回の研究会を重ねてきた一寸の虫たちの"魂"がそこにつながっており、その一端が本書として具現化されたということなる。

　われわれは、eラーニングの現実を直視する視点で本書を編んだつもりである。したがって、メンバーが活動している現場からレポートすることで日本のeラーニングの現状を浮き彫りにし、そこから将来を展望するという構成になっている。日常活動や議論の中で募る思いを十分に表現できていないかもしれない。また、現場主義であることの限界性も、情報の偏りも露出しているかもしれない。内容、表現ともに読者諸氏の率直な批判をいただき、さらに情報やご意見をいただきながら、次のステップを目指したいと考える。

2008年5月

NPO法人デジタルコンテンツ協議会
（e-Learning研究会）

目　次

eラーニングの新しいパラダイムを求めて

第1章　概論：eラーニング……………………（渡辺幸重・羽倉弘之）…*1*
　1.1　eラーニングとは　*1*
　　1.1.1　情報通信技術の教育利用　*2*
　　1.1.2　eラーニングの定義　*4*
　　1.1.3　eラーニングシステムと授業要素　*7*
　1.2　eラーニングの動向　*10*
　　1.2.1　国の施策：ICT時代のeラーニングの推移　*10*
　　1.2.2　教育機関での取り組み　*13*
　　1.2.3　海外の政策・事例　*16*
　　1.2.4　eラーニングの新しい動き　*19*
　参考資料　*24*

第2章　eラーニングの現場から見た課題……（渡辺幸重・青野修治）…*27*
　2.1　CAIの教訓　*27*
　2.2　実践の中で直面する課題　*30*
　　2.2.1　学校と業者の連携　*30*
　　2.2.2　データベースの構築と管理　*32*
　2.3　eラーニングとGPの役割　*34*
　2.4　eラーニングにおける課題と展望　*40*
　　2.4.1　アンケート調査結果　*41*
　　2.4.2　アンケート調査の分析　*46*
　　2.4.3　コンテンツのデータベース化　*47*
　　2.4.4　eラーニング端末のモバイル化　*50*

2.4.5　メタバース(3次元仮想空間)の利用(セカンドライフなど)　52
2.4.6　まとめ　55
参考資料　55

第3章　通学制大学院における遠隔ライブ授業 …………… (渡辺幸重) … 57

3.1　導入まで　57
3.2　ライブ授業配信システムの仕組み　59
　3.2.1　授業の方法　61
　3.2.2　ライブで配信される授業要素　64
3.3　ライブ授業配信システムの評価　67
3.4　授業要素とeラーニングの評価　70
3.5　ライブ授業動画配信システムへ　73
参考資料　77

第4章　授業自動収録システム ………… (鈴木 魁・河合匡彦・青野修治) … 79

4.1　カメラ　79
　4.1.1　放送用カメラ　79
　4.1.2　監視用カメラ　81
　4.1.3　デジタルシネマ用カメラ　82
　4.1.4　特殊用途用カメラ　82
4.2　放送方式　83
　4.2.1　NTSC方式　83
　4.2.2　PAL方式　84
　4.2.3　SECAM方式　84
　4.2.4　高精細テレビ方式　84
4.3　eラーニング　85
　4.3.1　ネットの種類　85
　4.3.2　衛星を使った配信　85
　4.3.3　パッケージの媒体　86
　4.3.4　地上波放送　87

4.4　授業自動収録システムの事例　*88*
　　4.4.1　システムの概要　*88*
　　4.4.2　各機器　*89*
　　4.4.3　実際の配置　*90*
　　4.4.4　自動収録の仕方　*91*
　4.5　ｅラーニング用カメラ―全方位カメラシステム―　*95*
　4.6　導入後の成果と課題　*101*
　　4.6.1　導入時の課題　*102*
　　4.6.2　課題の克服　*103*
　　4.6.3　授業録画システムの使用　*107*
　　4.6.4　今後の課題　*110*
　参考資料　*112*

第5章　営業の現場から………………………………………（高橋孝男）…*113*
　5.1　成功する大学の体制　*113*
　5.2　正しい業者の見分け方　*115*
　5.3　大学営業の極意　*115*
　5.4　何ごとも"人"なり　*117*

第6章　メーカーが考えるｅラーニングの将来像………（鈴木洋介）…*119*
　6.1　ｅラーニングビジネスへの参入　*119*
　　6.1.1　参入に至るまでの経緯　*120*
　　6.1.2　ｅラーニングビジネスの事業者　*120*
　　6.1.3　ｅラーニング事業の位置づけ　*122*
　6.2　講義自動収録/配信システムの開発　*123*
　　6.2.1　動画コンテンツの導入方法　*123*
　　6.2.2　動画コンテンツの自作方法　*125*
　　6.2.3　動画コンテンツ作成システム　*125*
　6.3　動画コンテンツ作成ツールの将来像　*131*
　　6.3.1　ユーザーの失敗談と成功事例　*131*

    6.3.2　講義収録システムの将来像　*132*
　　参考資料　*133*

座談会「eラーニングの現状と展望について語る」………………………*135*

　事項索引　*155*

第1章

概論：eラーニング

1.1 eラーニングとは

　情報通信技術（ICT：Information and Communication Technology）の教育利用が急速に進んでいる。特に、インターネットの高速化、家庭への普及が強力な後押しとなって、今にも教育界がユビキタス社会に変貌するかのようにも見える。しかし、一方では教育が"秒進分歩"の技術に翻弄され、必ずしも教育の質が向上しない現象や、ややもすると後退する現象も見られる。教育の荒廃を情報通信技術を生かすことで克服しようと焦りすぎたり、最先端の技術優先で対面授業のよさを壊すような教育システム構築で競争したり、ということも珍しくない。教育する者も教育を受ける者も感情を持った人間なのだという意識および現場で蓄積された教育ノウハウは、簡単には技術で置き換えられないという謙虚さにかけているからだろう。

　本書が取り扱うテーマは、書名どおり「eラーニング」であり、情報通信技術の教育利用そのものである。いろいろな問題が見られるとしてもeラーニングが教育力の向上に大きな貢献をしており、将来はさらに大きな役割を果たすであろうことは間違いない。その実態と目指す方向性を探るのが本書の目的であるが、まずは、私たちがどのような意識でeラーニングに取り組んでいるか、eラーニングに対してどのように考えているか、をまとめてみよう。

1.1.1 情報通信技術の教育利用

　情報通信技術を利用した教育システムを導入するフィールドというとすぐに学校教育ということになるが、実際には、一般企業の社員教育や技術教育に多く生かされている。したがって、情報通信技術の教育利用のフィールドは、大きく分けて学校教育界と産業界ということになる。遠隔テレビ会議は企業で使うとビジネス利用だが、学校教育では国際理解教育や社会科の授業などで利用できる。企業では普通のビジネスツールであるグループウエアも学校で使えば立派な教育ツールになるから、この 2 つのフィールドは見かけよりもかなり強く結びついている。

　「教育の情報化」というとき、学校教育では大きく分けて 2 つの意味がある。1 つは、学校や授業のマネジメントに情報通信技術を利用することであり、もう 1 つは、授業など教える場面で利用することである。コンピュータで時間割を編成するのは前者に属し、インターネットを通じて英語を学ぶのは後者に属する。後者の、教材作成や教え方に情報通信技術を利用する分野が e ラーニングの世界であり、学校教育界、産業界のどのフィールドにも存在する。本書では、学校教育界のうち、大学や専門学校など高校卒業以上の教育を担う高等教育における情報通信技術の利用を対象としている。

　情報通信技術はどのように教育活動に利用されているだろうか。まず、次のように分類し、具体例を示す。

① 教材作成に PC を利用
　ワープロ文書を作成、印刷して配布。
② 教材のデジタル化
　プレゼンテーション文書（パワーポイントなど）を作成し、授業で使用。
③ データベースの利用
　教材、素材をデータベース化し、教材作成で利用。
④ CD-ROM や DVD の利用
　映像や画像を DVD などに記録して、授業で使用。
⑤ デジタル教材の配布
　デジタル化した教材をオンラインでダウンロードできるようにして予習用・復習用に提供。

⑥　授業映像配信（遠隔テレビ会議システム）
　　授業を行っている教室の映像を他の教室や遠隔地の教室にライブで配信。
⑦　授業全体を統合し、オンデマンド教材化
　　音声、プレゼン教材、板書など授業情報のすべてを記録。オンラインで配信、または CD-ROM、DVD などで提供。
⑧　授業全体を統合し、リアルタイムで配信
　　授業情報のすべてを統合し、遠隔地の教室や受講者の自宅に配信。
⑨　ブレンディッド・ラーニング
　　対面授業と遠隔授業を併用。

　このうち、②、④、⑥、⑧、⑨のケースは、実際の授業が進行中であり、学習者は教授者から同時（リアルタイム）に情報を受けている。1つの教室の中の授業では通常、質疑応答や意見交換など双方向でのコミュニケーションが可能であり、重要な学習機能となっているので、同時性が確保された上記のケースでは"双方向性（インタラクティブ性）"が確保されているかどうか、という要素についても検討することにしたい。

　また、ここでは詳しく述べないが、教育活動の目的によって、a) 授業で利用、b) 予習・復習用、c) 自学自習用、d) トレーニング用（ドリルなど）、e) 評価用（テスト、アンケート）という分類も可能である。

　ちなみに、授業をリアルタイムに配信するケースでは、同時性を強調して「こちらはあいにく雨ですがそちらはどうですか」「今日は寒いですね」などの発言が見られるが、授業記録を再学習や復習用に使わせるときには違和感を感じさせることになる。冗談も1回目はともかく、何回も聞かされたり、時代遅れになったりするので教材としては完成度が低くなる。教授者から「記録されると冗談もいえず、堅苦しい授業しかできない」と不評を買う一因となっている。記録して再利用が可能という利便性が、人間的なコミュニケーションを損なうことにつながるということも理解したうえで、別途オフ会や1回しか配信しない番組（コミュニケーションアワーなど）を組み合わせる工夫が必要であろう。

1.1.2　eラーニングの定義

　本書で扱うeラーニングを定義する前に、一般にどのような内容をeラーニングと呼んでいるか、について見てみよう。

　フリー百科事典『ウィキペディア（Wikipedia）[1]』は、eラーニングの歴史として次のように記述している（2008年1月5日アクセス）。

　「コンピュータを用いた学習や教育は、以前より考案されてきており、CAI（コンピュータ支援教育：Computer Assisted Instruction またはComputer Aided Instruction）などをはじめとする各種の形態が開発されてきた。その後、CBT（Computer Based Training）やWBT（Web Based Training）などの発展とともに、1990年代にeラーニングの語は現れた。

　現代におけるeラーニングは、通信技術の進歩と普及により教師対学習者や学習者相互間などのコミュニケーションが可能なこと、学習者の自学自習が無理なく進むように適切な進度が保てること、教師が弾力的に教育活動を行うための学習者に関する各種情報を記録することなどに配慮されている場合が多い。近年では、従来、主に郵便に頼ってきた通信教育にも取り入れられつつある。」

　CAIが一般に認知されたのは1980年以降であるから、eラーニングという用語はそれよりも10年ほど新しいことになる。CAIがドリル型教材と教材（素材）作成機能くらいしか評価されず、期待したほどには普及しなかったのに対して、eラーニングは、インターネットやLANの普及に伴って注目されるようになった。CAIが個別学習に向くとされたのと対照的に、eラーニングは集団学習にも適しているとされている。さらに、インターネットの特性を取り入れて「いつでも」「どこでも」「誰でも」学習できるというシステム構築も可能とされている。すなわち、eラーニングはユビキタス社会の1つのフィールド（あるいはユビキタス社会に統合された一要素）を構成しているのである。

　前述の歴史から見ると、eラーニングはオンライン（「つながっている」）での利用がその特徴となっていることがわかる。そこで、eラーニングの定義は「情報通信技術を利用する」と同時に「オンラインでの学習」が重要な条件となる。

『eラーニング白書 2005/2006 年版』は、eラーニングを次のように定義した。

「eラーニングとは、情報技術によるコミュニケーション・ネットワーク等を使った主体的な学習である。コンテンツは学習目的に従い編集され、学習者とコンテンツ提供者との間にインタラクティブ性が確保されていることが必要である。ここでいうインタラクティブ性とは、学習者が自らの意志で参加する機会が与えられ、人またはコンピュータから学習を進めていくうえでの適切なインストラクションが適時与えられることをいう。」

ここでは、インタラクティブ性が「必要である」と断定されている。当然オンラインだからこそ可能な機能である。しかし『eラーニング白書』は翌年版から次のように定義の表現を変えている。

「eラーニングとは、情報技術によるコミュニケーション・ネットワーク等を活用した主体的な学習である。コンテンツは学習目的に従って編集され、学習者とコンテンツ提供者との間に必要に応じてインタラクティブ性が確保されている。このインタラクティブ性とは、学習者が自らの意志で参加する機会が与えられ、人またはコンピュータから学習を進めていくうえでの適切なインストラクションが適時与えられることを指す。」(2006/2007 年版)

「eラーニングとは、情報技術によるコミュニケーション・ネットワーク等を使った主体的な学習である。これは、集合教育を全部または一部を代替する場合、集合教育と組み合わせて利用する場合がある。

コンテンツは学習目的に従って作成・編集され、コンテンツ提供者と学習者、さらに学習者同士の間で、必要に応じてインタラクティブ性が確保されている。このインタラクティブ性とは、学習を効果的に進めていくために、人またはコンピュータから適切なインストラクションが提供されたり、双方向にコミュニケーションが実施されたりすることを指す。」(2007/2008 年版)

インタラクティブ性について「必要に応じて」という言葉が挿入されている。従来の対面授業においても大人数授業というインタラクティブ性の低い授業形式があり、eラーニングの世界でも活用範囲が広がって利用形式が多

様化したからであろう。オンデマンド教材はオンラインでダウンロードすることが多いものの CD や DVD での提供も可能である。最新の定義では「コミュニケーション・ネットワーク」という言葉はあるものの「オンライン」という要素は薄くなっているようだ。また、最新版では Face to Face のオフラインと組み合わせたブレンディッド・ラーニングも意識されている。

　以上のような点を考慮し、私たちが日頃取り組んでいる教育環境から考えて、私たちなりに e ラーニングを定義すると次のようになるだろう。

　「e ラーニングとは、情報通信技術を教育活動に利活用することであり、対面授業のよさを確保することに留意しつつ、対面授業でできなかった学習効果をも追究する新しい教育方法によって実現する学習のことを指す。」

　私たちが取り組んでいる e ラーニングの目指すところは、優れた対面授業をそのまま遠隔地の学習者に配信することであり、対面授業ができない、あるいは合わない（性格的あるいは学習内容により）学習者に対してもより効果的な学習方法を提供することを強く意識している。さらに、遊びや仕事、健康管理といった生活全般に含まれる学習活動へのアプローチあるいは生活と学習の融合という、さまざまな局面での活動への利用の可能性も視野に置いている。

　なお、『e ラーニング白書』では、「代表的なものは、インターネットを利用してオンラインで教材の配信やテストを行う WBT（Web Based Training）と呼ばれる形態」としているが、本書では、「オンライン（ネットワーク）により教育方法を同時またはオンデマンドで配信すること」を主に取り上げている。すなわち、教材という"モノ"を配信するのではなく、学びという"コト"を配信するシステムとしての e ラーニングを主な対象にしている。

　ここで、以上の e ラーニングの定義により、前述の情報通信技術を教育利用する際の分類（p.2 参照）を評価すると、

⑥　授業映像配信（遠隔テレビ会議システム）
⑦　授業全体を統合し、オンデマンド教材化
⑧　授業全体を統合し、リアルタイムで配信
⑨　ブレンディッド・ラーニング

が、私たちが取り組んでいるeラーニングの中心であり、定義からすると
　③　データベースの利用
　④　**CD-ROM** や **DVD** の利用
　⑤　デジタル教材の配布
が、eラーニングの範疇に入ることになる。

　ただし、『IT 用語辞典 e-Words[2]』によると、eラーニングは「パソコンやコンピュータなどを利用して教育を行うこと」と定義されている。また、フリー百科事典『ウィキペディア』には「教科書、ノート、問題集などの電子データをコンピュータ上の文書ファイルとしておいてあるだけのものを、eラーニングと呼ぶかどうかは、議論が分かれている。」という記述も見られる。したがって、①、②についても"広義のeラーニング"として論じることがあり得る。私たちは⑥〜⑨を中心に活動しているが、情報通信技術は常に新しいものを産み出しているのであるから、必ずしも固定的に考えず、常に柔軟な姿勢で未知の可能性に挑みたい、と考えている。

1.1.3　eラーニングシステムと授業要素

　次に、eラーニングを実現するための仕組み、すなわちeラーニングシステムについて考えてみたい。

　学校教育において「教育の情報化」には、学校や授業のマネジメントに情報通信技術を利用することと、教える場面で利用することの 2 つの側面があることはすでに述べた。eラーニングについて後者の側面から見てきたが、実際に教育活動を行う場合は、マネジメントが必要である。すなわち、出席管理（遠隔でも受講しているかどうか）、成績管理、評価（単位を与えるなど）などを行わなければならない。もちろん、教育活動の基本である時間割作成や教授者の配置、受講者の管理は当然しなければならない。これらを実現するシステムは LMS（Learning Management System）と呼ばれている。eラーニングシステムは、教材や教授法（eラーニング）とそれを配信し、管理する LMS からなっている。

　単独の LMS には、BbLS（旧 WebCT）[3]、Blackboad[4]、moodle[5]、Internet Navigware[6]、Webclass[7]、WebELS[8] などがある。オンライン学

習システムには、語学学習をはじめさまざまな商品があるが、ほとんどのシステムには LMS が組み込まれている。

オンライン学習をする際に重要な要素であるインタラクティブ性は、教育方法の面から要求されるものであるが、システムとしては LMS に組み込まれる。したがって、どのような教育が保証されるかを見るには、LMS を含む e ラーニングシステム全体の機能をチェックしなければならない。

e ラーニングシステムを評価し、導入するかどうかの判断をする場合、どのような教育をしたいかを考え、その教育的要素を含んでいる e ラーニングシステムかどうか、もし不足している教育的要素があれば、カスタマイズや新規開発あるいは他のシステムとの併用で克服することを考えればよい。すなわち、e ラーニングシステムの機能より、まずは実現したい教育活動を優先して検討するという姿勢が求められているといえるだろう。

そこで、授業要素から見た e ラーニングシステム評価の方法[9]を紹介する。

まず、授業の分析から授業要素を次の 12 に分類する。

＜基本情報＞
① 音声情報（講話）
② 板書情報
③ 所作情報（身振り・手振り、表情、移動）
④ 資料情報（教科書、プリント、その他教材）

＜IT 利用＞
⑤ プレゼンテーションソフト情報（パワーポイント利用など）
⑥ 動画情報（ビデオ鑑賞、リハビリテーション動画教材の利用など）
⑦ 動的プロセスの提示（表計算ソフトや CAD などの操作をリアルタイムに提示）

＜双方向性＞
⑧ 質問（学生からの質問および教員側からの回答、あるいはその逆）
⑨ 討論（学生間を含む討論、ディベートなど）
⑩ 発表（授業中に学生が他の学生に対して発表）
⑪ 作業（作品の制作など）

⑫ テスト（授業中に回答）

これらの授業要素のうち、どれをeラーニング化するかを決め、一方ではeラーニングシステムが実現している授業要素の表を作成して比較すればいいということになる。

たとえば、次のようになる。

表1.1　授業要素とeラーニングシステム評価の例

授業要素 利用法	基本情報				IT利用			双方向性				
	音声	板書	所作	資料	プレゼン	動画	プロセス	質問	討論	発表	作業	テスト
システムの評価	◎	◎	△	○	◎			○	○			○

◎：十分対応できている、○：効果が期待できるほど対応できている、△：ある程度の機能はあるが効果が低い、ブランク：機能がない

　ここで言いたいのは、情報通信技術の教育利用は技術優先ではいけない、ということである。最先端の技術があるから利用できないか、とか、企業の社員教育で使っているシステムを利用できないか、という開発思想では学校教育はうまくいかないことが多い。あくまでも教育現場の必要性から情報通信技術を利用すべきである。また、教授者に余計な負担をかけることは避けるべきである。もともと学習効果の高い授業があれば、教授者の負担を増やすことなく、授業の根幹となる要素をeラーニングとしてそのまま実現するシステムが最もいいシステムである。それが実現すれば、学習履歴の記録や教材の再利用、授業のオンデマンド教材化などは情報通信技術の得意とするところだから、eラーニング化するメリットは大きくなる。いい授業の継承も容易になり、教育現場にとって教育力の向上につながるであろう。

　教え方は教える者の個性にもよるので千差万別であり、eラーニングシステムもそれに応じて柔軟な対応をしなければならない。あくまでも、現場主義に徹し、教授者・学習者中心のeラーニングシステムが開発され、普及することを心から願うものである。

1.2 eラーニングの動向

　日本でCAIやeラーニングが、注目され始めてからすでに20年以上が経ち、これまでにさまざまな試みがなされてきた。また、近年は、通信系が発達し、限られた学内、企業内の範囲から、全世界に張り巡らされたインターネットなどを通じて、家庭から（個人）でも、公開されているどこのeラーニングシステムにも容易にアクセスができ、しかも安価に利用できる環境（インフラ）が整ってきた。そのため、この数年で、新たな展開が始まってきている。

　本節では、日本のeラーニングに対する施策をはじめ、各国の動きについて述べるとともに今後の展開について概観する。

1.2.1　国の施策：ICT時代のeラーニングの推移

　日本では、1985年をCAI元年と位置づけて、IT（情報技術）の急速な発達を受け、教育現場でもコンピュータなどの新しいメディアを活用しての授業形態が導入されてきた。これには、国の施策が反映されている。

(1) e-Japan 構想

　今世紀に入った2001年に、内閣は日本型IT社会の実現を目指して「e-Japan」構想を発表した。2005年を完成年度として、5年計画を策定して、さまざまな施策が示されてきた。その主な内容は次のとおりである。

① IT基本法案と、民間同士の書面の交付などを義務づけた法律を一括して改正するための法律案を提出（⇒2000年11月にIT基本法が「高度情報通信ネットワーク社会形成基本法」（平成12年法律第144号）として成立）

② IT国家戦略の取りまとめ（⇒2001年1月に、内閣官房にて実施）

③ 超高速インターネットの整備を図り、インターネットサービスの低廉化や利便性向上を促進

④ IT関連の統計や施策の実施状況の速やかな公表など、情報の共有

⑤ 電子政府の早期実現、学校教育の情報化、通信・放送の融合化に対応

した制度の整備
⑥ 学校や公共施設の高速インターネットを整備するとともに、全国民がインターネットを使えるよう一大国民運動を展開
⑦ 国民が、利便と楽しみを得られるような情報のコンテンツの発展

IT 基本法が、「高度情報通信ネットワーク社会形成基本法」として成立し、同法に基づいて内閣官房に設置された「高度情報通信ネットワーク社会推進戦略本部（IT 戦略本部）」において、IT 国家戦略のとりまとめが始められた。特に、その中の重点課題の 1 つに「人材の育成」が上げられている。

その後の高速回線によるインターネットのインフラ整備に加えて、インターネットサービスの低廉化・利便性向上などは、民間主導で行われてきたため、急速にネットワークを介しての教育が現実的なものとなってきた。

(2) u-Japan 構想

総務省では、e-Japan 戦略の目標と定めた世界トップレベルの情報インフラ整備がほぼ整ったのを受けて、新たな次の戦略として、2004 年 12 月に「u-Japan 政策」を策定した。また、その情報通信技術（ICT：Information and Communication Technology）政策を個別施策レベルまで掘り下げて、u-Japan 政策を総合的に推進しつつ、状況に応じ重点的な分野を定めるために「u-Japan 推進計画 2006」を策定した（図 1.1）。

2010 年までに、わが国の ICT の利活用で、世界のリーダーとなるという「u-Japan 構想」では、いつでも、どこでも、誰でも手軽に ICT が利活用できるユビキタス環境の構築と、経済、社会、教育、福祉などのあらゆる分野でその活用を推進する。

また、これに連動して、高度情報通信ネットワーク社会推進戦略本部で 2006 年 1 月に策定された「IT 新改革戦略」の目標の 1 つである「生涯を通じた豊かな生活」の中に、その重点施策の 1 つとして"e ラーニングの活用"が上げられた[10]。

さらに、同年 7 月には、「重点計画—2006」で"e ラーニング等を活用した能力向上"のための具体的な施策を示して、政府の e ラーニングに対する取り組みをより明確にした[11]。

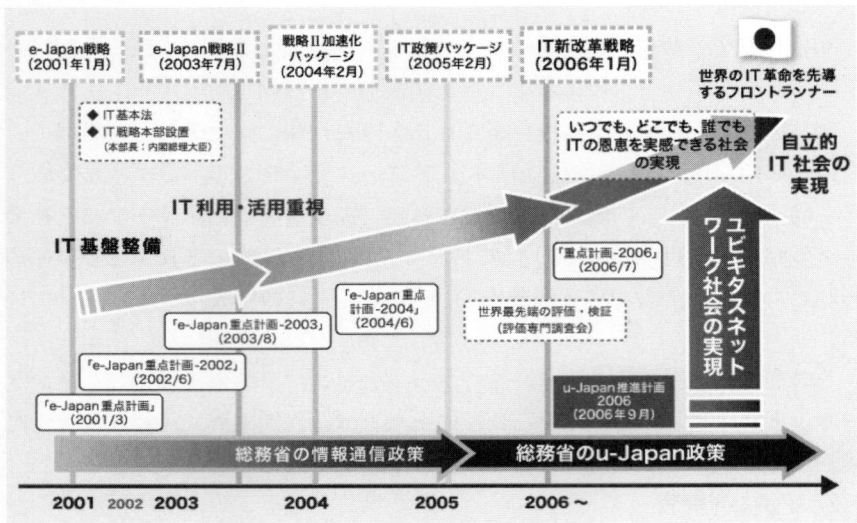

図 1.1　わが国の IT 戦略の歩み
（出典：http://www.soumu.go.jp/menu_02/ict/u-japan/new_outline01.html）

　これらの中で、ICT を利活用した遠隔教育を行う学部や研究科の割合をこれまでの 2 倍以上にすることを目標にして、国内外の大学や企業との連携、および社会人の受け入れを促進することが提言されている。

(3) ユビキタスラーニングシステム：u ラーニング

　総務省では、ユビキタスネットワーク社会における学習システムの普及と啓発を目的として、2005 年に、産官学が連携した「ユビキタスラーニング推進協議会（Ubiquitous Learning Consortium：ULC）」を発足させた[12]。

　ここでの取り組みでは、2 ヶ年計画で、ユビキタスラーニング基盤の開発と実証実験を行い、その実験の成果の普及を行った。

　ユビキタスラーニングは、対面教育の支援という範囲を超えて、ケータイや PDA のような携帯端末と使用して、遠隔教育を行うもので、学習者が、いつでも、どこでも可能なところで、VOD（Video on Demand）で学習できる教育システムである。これによりさらに自由度の高い、教育環境が実現する。

(4) 文部科学省の動き

文部科学省では、「現代的教育ニーズ取組支援プログラム（現代 GP）」（後述）などの施策を打ち出した。そのうちの 1 つに、e ラーニングの開発などのテーマを含む「教育効果向上のための ICT 活用教育の推進」を上げている[13]。

1.2.2 教育機関での取り組み

ここでは、文部科学省をはじめ、各教育機関での取り組みについて述べる。

(1) 初等・中等教育

わが国では、1990 年前半から、初等・中等教育の教育機関へのコンピュータの導入の動きがあり、各整備計画が実施されてきた。経済産業省と文部科学省との共同プロジェクトである「100 校プロジェクト」では、コンピュータネットワーク（インターネット）を利活用する試みとして 1993 年から実施されてきた。1995 年には、「こねっとプラン」が 21 世紀を担う子供たちの育成を目標に「教育でのマルチメディア環境の整備と活用」を推進するためにスタートし、1997 年には、新たに「新 100 校プロジェクト」が立ち上がり、上の 100 校プロジェクトでの課題を受けて、"国際化""地域展開""高度化"をプロジェクトの柱として実施された。さらに、1999 年には、この 100 校および新 100 校プロジェクトの後を受けて、「E スクエア・プロジェクト」を立ち上げ、全国の学校がインターネットを利用して教育を実施するために支援をすることになった。このプロジェクトは 2002 年に「E スクエア・アドバンス」として引き継がれ、初等・中等教育での IT の有効活用と IT リテラシーの向上を図った。

このような各プロジェクトの実施によって、初等・中等教育において、インターネットの接続率はほぼ 100％となった。また、ネットワーク対応に関しては、普通教室での LAN 整備率は 50％であるが、コンピュータ教室での整備率はすでにほとんどすべての教室に設置されている。さらに、動画像のスムーズな送受信が可能となる回線（400 Kbps 以上）での接続は、90％の学校で実現している[14]。

一方、文部科学省では、機器の導入のみならず、すべての教員がITを活用して授業を行うことができるような支援を行っており、ここでもeラーニングによる研修システムが採用されている[15]。

このプロジェクトでは、教員が自由な時間に、教科指導に必要なITスキルなどを学ぶことができるeラーニングを活用して行う研修カリキュラムを開発して、その活動を推進する。また、各教科での授業で、ITを効果的に活用した実践例をWebで見ることができ「"IT授業"実践ナビ」を開発し、2003年より公開している[16]。さらに、「e授業－授業でITを使ってみよう」が開発され、サイトに公開されている[17]。

さらに、高等学校の生徒向けには、2004年度から「IT人材育成プロジェクト」がスタートしており、IT分野の高度な教育を高等学校レベルから推進していくために、IT教育を重点的に行っている高校を指定し、先進的な教育方法の開発を行い、その成果を普及させ、ITの知識や技能を持ち、独創性のある高校生を募集して、コンテンツの創作活動を支援する。

また、文部科学省の委託事業としてNTTラーニングシステム株式会社が実施している「ICTスクール（旧名：ITスクール）[18]」は2006年から開催され、高校生が、独創的なコンテンツ開発をすることができる事業である。

初等・中等教育分野で、eラーニングが利用されるところは、①学校内での受講、②通信教育、③教育支援、④教員の受講などに大きく分けられる。WBT（Web Based Training）でのeラーニングは②ないしは③で主に使用されている。

(2) 専門学校・専修学校・各種学校

少子化の影響で、専門学校、専修学校および各種学校の学生数は減る傾向にある。各学校の競争は激化しており、ユニークな新しい教育法が模索されている。専門学校などでは、単なる卒業が目的より、各資格を取得することを目的する学習者が多い。そこで、eラーニングにおいても、このような学生を対象にしたものが多い[19]。

専門学校などでのeラーニングに対する取り組みは、全国の専門学校を結ぶ「PINE-NET（衛星通信ネットワーク教育システム）」など多くのケースがある。

文部科学省は、専門学校や専修学校などに対して、2005 年に、e ラーニング授業を大幅に、自宅でも履修できるようにした。これは、教室での対面式授業以外でも幅広く単位を認定できるようにすること、社会人や他の学校にかようダブルスクールが広がっていることも原因の 1 つである。

専門学校では、互いに協力し合って教育の情報化に取り組むために「全国専門学校情報教育協会（INVITE）」、「インターネット教育協議会（VIC）」と「専修学校インターネット教育開発協議会（I-KYO）」の 3 つの団体がある。それぞれの団体で e ラーニングに関する検討が行われている。

(3) 高等教育：大学・大学院

文部科学省が ICT 教育推進施策の 1 つとして、先に述べたように、大学をはじめとする高等教育機関の e ラーニングの取組みに予算をつけて研究支援する「現代的教育ニーズ取組支援プログラム（現代 GP）」が、平成 16 年（2004 年）度から 3 年間実施されている。

現代 GP は、各大学での「優れた取組み」（Good Practice=GP）を支援することによって、個性や特色のある大学教育の実現を目指すものであり、「e ラーニング」のほか「地域活性化への貢献」や「持続可能な社会につながる環境教育の推進」など複数のテーマが上げられている。

本プログラムによって e ラーニングの普及・促進に大きな効果がもたらされた。現時点ではまだ、全国の大学で e ラーニングを行う体制が必ずしも整っているわけではないが、学校全体で取り上げているレベルから、学科や学部レベルのものなどを含めると、規模に差はあるものの何らかのレベルの e ラーニングシステムがほぼどの大学でも導入されている。

(4) 生涯学習・社会人教育・企業研修

e ラーニングの活用は、教育現場から、一般や企業においても盛んに導入されている。

生涯学習に関しては、2001 年に社会教育法が改正され、生涯学習の分野においても情報化、情報リテラシーの提供機会や研修体制の整備などが謳われるようになり、各種の施策がなされるようになってきた。

そのうち「エル・ネット（el-Net）」の"オープンカレッジ（Open College）"は 2000 年の文部科学省の答申を受けて始まった[20]。

「エル・ネット」は、衛星通信を活用して、教育・文化・スポーツ・科学技術に関する情報を直接全国に発信する文部科学省の教育情報衛星通信ネットワークで、1999 年より稼働しており、全国の社会教育施設、学校など約 2000 ヶ所が受信局として整備されている。送信局は、文部科学省や全国の教育センターなど 30 ヶ所に整備されており、「子ども放送局」や「研修プログラム」、その他各地域からの番組なども配信した。

2003 年度以降、「エル・ネット高度化推進事業」の公開講座の実施大学を募集し、本オープンカレッジで、応募校の講座を配信してきた。2008 年度（2008 年 4 月）以降は、衛星による配信はなくなり、インターネットを使っての配信に切り替わる。

1.2.3 海外の政策・事例

ここでは、国際機関、欧米、アジアの諸国での e ラーニングに関する取り組みについて概略を述べる。

(1) 国際機関

国際的にインターネットの普及に伴って、国境を越えて、海外の大学などの教育機関の持つ授業を国外からでも受講することが可能となり、すでに、実際に所定の単位を修了した者に、学位ないしは修了証を授与するところもでてきている。また、日本の大学が、海外に対して門戸を開き、国際交流の場として、e ラーニングを利用することも行われている。

ところが、国際的にはまちまちなプラットフォームやアプリケーションで行われているために、しばしば円滑なやり取りができないという障害がでている。

そこで、e ラーニングの国際的な普及のために、使用される情報（コンテンツ）の形式の標準化などが検討されてきた。これにより、情報自体の質の向上、制作・流通費の削減などが実現できる。

初期の段階では、メタデータ（情報に付随するデータで、情報の作成日時、作成者、形式、タイトルなど）、コンテンツの構造、学習者の情報など e ラーニングを実施するための基本的な情報の静的なデータやフォーマットの標準化であったが、最近では、より動的な、広範囲な、また相互運用性を

円滑に行えるための標準化が対象となりつつある。

　ここでは、その標準規格の例としていくつかの規格を上げる。

(a) SCORM（Sharable Content Object Reference Model）[21]

　米国に籍を置く標準化団体 ADL（Advanced Distributed Learning）により 1997 年に策定し、公開されている e ラーニングに関する世界標準規格のことで、学習システムやコンテンツの相互運用性を保証するための規格である。その後何度か改訂されている。日本では NPO 法人日本イーラーニングコンソーシアムが日本語版を公開している。

(b) LOM 規格、QTI 規格、LIP 規格

　その他に、LOM（Learning Object Metadata）規格、QTI（Question and Test Interoperability）規格、LIP（Learner Information Package）規格などがある。

　LOM 規格は、e ラーニングで使用されるあらゆるリソースである LO（Learning Object）の各属性を記述するための規格であり、IMS（IMS Global Learning Consortium）[22] と LTSC（IEEE Learning Technology Standards Committee）[23] によって策定された。LO を検索・再利用できるインデックス情報で、一般情報（題名、内容説明）、教育関連（分野、対象、難易度）、知的所有権などが LOM によって記述される[24]。

　QTI 規格は、テストなどを実行するために必要な情報の規格で、IMS によって策定された。演習問題、試験問題に問題データベースを規格化し、テスト実施結果の成績などに関する規格をまとめたものである[25]。

　LIP 規格は、学習者の属性を記述する規格で、システム間での学習者情報を交換する標準フォーマットである[26]。

(2) 米国

　米国では、e ラーニング政策として、政府主導の助成金などによるものと私的な財団などによる支援とに分けられている。

　教育省（US Department of Education）関連では、1999〜2001 年にわたって LAAP（Learning Anytime Anywhere Partnership）[27] が実施され、学習状況に合わせて自動的に教材を再編成する学習システムなどにより、より教育現場に近い研究開発が実施された。

他に、教職員がインターネットベースの教科編成、学習教材の入手を容易にする GEM（The Gateway to Educational Materials）[28]プロジェクトが 2001 年から実施され、利用者は、そのサイト「The Gateway」を利用して、2 万種以上の学習資料へアクセスができる。

また、国防総省関連のeラーニングプロジェクト、民間団体のプロジェクトが多数ある。MIT OpenCourseWare のような私的財団による高等教育への支援もある（後述）。

(3) 欧州

欧州連合では、情報化社会の確立を目指して eEurope2002 を採択し、インターネットを活用したさまざまな施策を実行した。続いて、「万人のための情報社会」という目標で eEurope2005 が採択されて、このプログラムに基づくイニシアティブ（European Commission Programmes and Initiatives）[29]により、eラーニングプログラム、教育と研修プログラム（"ソクラテス"[30]、"レオナルド・ダ・ビンチ"[31]プログラム）などが実施された。

さらに、eEurope2005 に続くイニシアティブとして、"i2010"を採択した[32]。また、デジタル化による社会進出を促進するイニシアティブ（eInclusion[33]）の 4 ヶ年計画を発表した。

大学におけるeラーニングに関する政策として、HECTIC（高等教育の情報通信技術）に関する提言でも、eラーニングを推進していくことが盛り込まれている。

なお、eラーニングの質の保証と向上に向けて、各種の取り組みがなされてきている。欧州質保証監視機構の EQO（European Quality Observatory）、eラーニングにおける質の保証機関である QUAL-E-LEARNING や革新的な取り組みをしている SEEL、そして質の保証のための持続的な環境をつくる SEEQUEL などがある。

イギリスでは、教育技能省が、2005 年に ICT を活用した教育を推進する戦略「eストラテジ（e-Strategy:Harnessing Technology:Transforming Learning and Children's）」を発表した。また、高等教育財政審議会も同省の方針に従って、eラーニング戦略を発表している。

(4) アジア
(a) 中国

中国では、教育部、教育技術標準委員会（CETSC）、国立教育技術センターなどが中心になって施策や指針を出している。

1999 年に、教育部に現代遠隔教育資源構築委員会を設置し、e ラーニングの規則、ガイドライン、技術標準、運営などに関する方針を検討し始めている。同年、インターネット大学「中国網絡大学 [34]」が認可され、2000 年 4 月から開校している。

(b) 韓国

韓国では、教育人的資源部が積極的な情報化政策を進めている。民間資金も取り込んで「ブロードバンド IT 推進戦略」を打ち出し、官民一体で IT 産業の育成を図っている。

2002 年に、政府機関の産業資源部は e ラーニング産業活性化計画を発表した。その概要は次のとおりである。

① e ラーニング基盤整備
② 公共部門での e ラーニング促進
③ e ラーニング促進のための法的な枠組み整備
④ 産官学の代表からなる e ラーニング・ネットワークの設立

以上の発表に基づいて、2004 年には「e ラーニング産業発展法（e-Learning Industry Development Act）」が成立している。

また、2006 年 7 月に発表された教育人的資源部による「学校革新と教育機会拡充のための e-learning 行動化計画」が現在進行中である。

さらに、2001 年には、サイバー大学（後述）が認可され、2002 年には、教育人的資源開発部によって発表された大学での IT 利用に関する 5 ヶ年計画が実施された（「e キャンパスビジョン」など）。

1.2.4 e ラーニングの新しい動き

ここ数年の間に、ネットワークのインフラの整備によって、新しいコンセプトの e ラーニングが芽生えてきている。ケータイや各種のモバイル機器、そして無線 LAN の整備が、学習者が場所や時間の制限を受けずに、自由な

学習環境で学べるようになってきている。
　このような新しい学習環境を示す時代の流れを代表するいくつかの傾向をここに上げる。
(1) Web2.0時代のeラーニング
　Web2.0は、最近のネットワーク社会に起きてきた大きな変化を総称した呼び方であるが、その意味合いは時とともに変化をしており、さらに最近の動きをすでにWeb3.0と称することもある。

　Web2.0で述べられている内容には、書籍の販売からスタートしたAmazon.com、ロボット検索エンジンのGoogle、ホームページ（HP）の進化したブログ（Blog＝Weblog：日記風HP）、SNS（Social Network Service：日本ではMixiなど）、共同で制作する辞書であるWikipediaなどさまざまな新しいビジネスモデルやサービスが含まれている。

　これらのうちの多くは、利用者参加型（CGM：Consumer Generated Media）である点が、従来のインターネットの使い方とは異なっている。今までのインターネットの使用方法は、"向こう側"の情報を探し、手に入れることが主であったが、YouTubeやPodcastingのように、自分が発信者、放送局のようになれる点が、大きく異なっているところである。

　これは、今までの一方的に情報を与えられる形式のeラーニングにも、新しいモチベーションを与える手法として採用される要素を含んでいる。企業などの研修では、社内のイントラネットにブログやSNSを用意して、研修を試みているケースもある。

　すでに、WBTを実施している企業などでは、従来のホームページに加えて、この新しい技法を導入しているところもある。これは、社員などの業務・製品知識、技能の学習に効果的に利用可能である。

(2) 3D仮想世界（メタバース：セカンドライフなど）の活用
　米国、リンデンラボ社が開発した「セカンドライフ（Second Life）」（3D仮想世界、メタバースの一種）は、初期の目的よりもはるかに広く使われるようになった。

　このセカンドライフをeラーニングに利用しようという試みが始まっている。欧米ではすでに数校でセカンドライフ内に講座を開き、授業を試みてい

図1.2 授業風景（出典：http://www.johnson.cornell.edu/news/secondlife.html）

るところもあるが、わが国でも、慶応義塾大学をはじめ、多くの大学でeラーニングに活用する方法を検討している。

(3) 新技術とソフトを使ったeラーニング

通信教育、放送大学など、今日までにさまざまな遠隔教育が実施され、それなりの成果が上がってきた。しかし、語学の学習などのように、単なる教材を送付し、問題の添削、レポートの提出、年に何回かのスクーリングでの講義や試験といった教育方法から、より対面教育、双方向教育が求められており、それを実現させるためにさまざまなシステムが検討され、活用されるに至っている。

(a) IP電話

最近では、IP電話のシステムなどを利用して、海外のその国のその言語を話すネイティブの講師とリアルタイムに会話をしながら、その言語などを学ぶ方法も開発されてきている。また、居ながらにして、世界各地の複数の人と同時に会話ができ、より生きた学習ができるようになった。

運営する側においても、講師をその国で雇用し、しかもその自宅や事務所で対応すればよく、教室も不要で、費用が極端に少なく、その分、受講料を安く設定できるメリットがある。

(b) スクールレス スクール

かつて、SOHO（Small Office　Home Office）という表現が使われていたが、最近では、SOMO（Small Office　Mobile Office）という表現も時おり使われる。

現在、ケータイだけで、ビジネスをしている人が少なくない。すなわちオフィスレスである。プロバイダのサーバにさまざまな取引データなどを保存しておけば、いつでも、どこでも、必要なデータを取り出せるわけで、自分のところには何も持たずに、ビジネスを行うことができる。

このような考えに基づくと、教育機関も教育施設の必要性がかならずしもなくなってくる。通学距離が長い場合や、山間僻地に住む人や交通の不便なところに住む人、また身体障害者、登校拒否の生徒、年配者、仕事を持っていて通学ができない人など、実際に学校にいけない状態の人は少なくない。このような人にも平等に教育を与える意味でも、自宅のパソコンやケータイあるいはモバイル装置が役に立ってくる。

学校という建物に生徒が集まり、集合生活をすることの重要性は否定できないが、学費や通学費の負担を考えると学校まで通うことが困難な場合は、このようなシステムを利用する価値はある。

(c) インターネットスクール、インターネット大学

インターネットの普及に伴って、インターネットを活用して、授業の一部ないしは全部をインターネット経由で行う試みがなされてきた。

インターネットで授業を行う利点は、さまざまなマルチメディア機能を並行して利用できる点である。現在、光通信回線の普及に伴い、回線スピードやコンピュータの処理速度が上がり、高画質の画像や音声の配信が容易となり、より質のよい画像、音声を学校内外、自宅、企業、その他の場所で受信し、授業を聞くことができるようになってきた。

社会人学生を多く受け入れようとする大学などでは、都心にサテライトキャンパスを設ける場合があるが、このような場合、サテライトでも大学での講義と同様の雰囲気を出せる映像や音声が要求されるようになってきている。

(d) サイバー大学

わが国では、2004 年に「八洲学園大学」が、2007 年には「サイバー大

学」が設立されたが、韓国では、政府の推し進める「総合教育情報化計画」（1996 年に策定）、「韓国教育学術情報院（KERIS）」（1999 年設立）など ICT 政策の下、1998 年には、教育人的資源部がサイバープログラムで、大学におけるサイバー教育に取り組み始めた。2001 年には、まず、9 校のサイバー大学が開校され、2007 年にはすでに 17 校で運営されている。

サイバー大学は、利用者にとって場所的、時間的、費用的な制約が少なく、また大きな施設や大勢の教員を抱えることなく運営できるために、学費などを低く抑えることができ、時間的、経済的に余裕のない人にも学業の機会を与えることができる。

今後、社会人や一般の人が大学に進学できる門戸がますます広げられる場合、特に時間的な制約があり、通学できない学生などに対して、このような制度の大学はますます必要となろう。

(e) オープンコース

米国マサチューセッツ工科大学（MIT）では、2002 年からほとんどの授業を無料で Web 上に公開することを目指したプロジェクト "OpenCourseWare[OCW]プログラム[35]" をスタートさせた。2007 年には、公開講義数が 1800 コースを超えた。

米国では、本プログラムが William and Flora Hewlett Foundation からの資金で実施されているように、私的財団による高等教育機関への支援が多くある。これには、税制面での優遇措置もあり、支援がしやすくなっている点も見逃せない。

わが国においても、e ラーニングを推進するためには、こうした支援策が円滑に、かつ容易に行われる体制づくりも必要である。

大学などの授業を公開する、しかも無料で公開する場合は、それぞれの大学のノウハウもあり、費用もかかるために、実施する上での困難さもある。そのため、このような教育資源の共有化のための施策が検討されなければ、実質的な実現へは時間がかかることになろう。

参考資料

1) http://ja.wikipedia.org/wiki/
2) http://e-words.jp/
3) http://www.emit-japan.com/doku.php/bbls
4) http://www.blackboard.com/asia/jp/
5) http://moodle.org/
6) http://www.navigware.com/
7) http://www.webclass.jp/
8) http://webels.kek.jp/index.html
9) 渡辺幸重、授業類型別にみたライブ遠隔授業配信システムの構成に関する研究、『畿央大学研究紀要』、No.5, 2007, pp.67-72
10) http://www.kantei.go.jp/jp/singi/it2/kettei/060119gaiyou.pdf
 および 060119honbun.pdf
11) http://www.kantei.go.jp/jp/singi/it2/kettei/060726honbun.pdf
12) http://www.murc.jp/u-learning/index.html
13) http://www.mext.go.jp/b_menu/houdou/18/04/06041805/008.pdf
14) 「学校における教育の情報化の実態等に関する調査結果」
 http://www.mext.go.jp/b_menu/houdou/18/07/06072407.htm
15) http://www.mext.go.jp/b_menu/houdou/16/12/04122702.htm
16) http://www.nicer.go.jp/itnavi/
17) http://www.nicer.go.jp/eltt/index.html
18) http://itschool.nttls.co.jp
19) http://www.invite.gr.jp/news/index.php
20) http://www.opencol.gr.jp
21) http://www.elc.or.jp/kigyou/kigyou_scorm_ninsho.html
22) http://www.imsglobal.org
23) http://ieeeltsc.org
24) http://itsc.ieee.org/wg12/
25) http://www.imsglobal.org/question
26) http://www.imsglobal.org/profiles
27) http://www.ed.gov/programs/fipselaap/intro.html
28) http://www.thegateway.org/

29) http://www.elearningeuropa.info
30) http://www.projectsocrates.org
31) http://ec.europa.eu
32) http://ec.europa.eu/information_society/eeurope/i2010/index_en.htm
33) http://www.einclusion-eu.org
34) http://www.webc.com.cn
35) http://ocw.mit.edu/OcwWeb/

第2章

eラーニングの現場から見た課題

2.1 CAI の教訓

　筆者（渡辺）が大学生時代に見たコンピュータは IBM のミニコンで、コンピュータ言語の 1 つである FORTRAN の演習では、穿孔テープにプログラムを打ち込んだ。今では丸い穴が開けられた細長い紙テープを見てプログ

図 2.1　左：真空管式コンピュータ、右：タイガー式手回し計算機（中央大学理工学部鈴木寿研究室）

ラムやデータが記録されているとわかる若者はいないだろう。そのころコンピュータの教育利用は考えも及ばなかったが、3年ほど前、中央大学理工学部の研究室でタイガー式手回し計算機を見て、高校3年生だった1968年、担任の先生が手回し計算機で偏差値を計算して大学進学の指導をしていたことを思い出した。予備校に大型コンピュータが導入される前のことで、今思うにかなり先進的な取り組みであった。コンピュータの教育利用の萌芽ともいえるだろう。

コンピュータの歴史は、手回し計算機の時代からアナログコンピュータへと進み、第二次世界大戦が終わった直後にデジタルコンピュータが開発された。真空管が1万数千個使われ、コンピュータを動かしたら停電になるほどの電気を消費したという。ちなみに、前述の中央大学理工学部で真空管式コンピュータ（図2.1）を見せていただいた。同じ部屋にマイコン内蔵のカラフルな自律移動ロボットが置かれてあり、情報技術の歴史を実感したものである。

1980年代に入って日本でも急速にパソコンが普及し、教育利用の機運が高まった。CAI（Computer Assisted/Aided Instruction：コンピュータ支援教育）がブームとなり、複数の学会が発足し、出版社から相次いでCAIがらみの雑誌が発刊された。筆者も「CAIニューズレター」という新聞の発刊に編集長として参加し、全国の小中学校に無料配布することでがんばっている教員を応援し、CAIの定着を図ろうとした。CAI学会と日本教育情報学会に入会もした。

そのときの合言葉が「CAIをLLの二の舞にするな」であった。LLとはLanguage Laboratoryの略語で、AV機器を使って外国語を学ぶ教室をLL教室と呼んだ。最近でこそコンピュータを入れてCALLシステムなどの名前で復活しているが、鳴り物入りで導入したものの利用されないまま機器が埃をかぶっている学校が多いということだった。

しかし、CAIの普及も実際はうまく推移しなかった。教育予算がハードウェアだけでなくソフトウェアにも使えるようになったが、十分な予算を情報分野の整備に回す自治体は少なく、整備される学校も偏っていた。評判を聞いて取材にいくと、熱心な教員が転勤して活動できていないという学校も

けっこうあった。「CAI ニューズレター」は期待したコンピュータメーカーの十分な支援が得られず、2 年続けるのがやっとで廃刊に追い込まれた。筆者自身、UNIVAC の音声同期パソコンで英語教材を作成しようとしたり、経営していた学習塾で NEC の PC6601 などを使って指導を試みたが、成果を得るまでに至らなかった。BASIC 言語で組んだ自作の簡単な学習プログラムをテープレコーダで読み込み、中古テレビに映すことをやったりしたが、本番で音声テープからのプログラム読み込みがうまくいかなくて四苦八苦したことを苦い体験として今でも思い出す。

　大手出版社の CAI ブームを当て込んだ雑誌も次々に廃刊した。唯一、月刊『NEW 教育とコンピュータ』（学習研究社）だけは 23 年の歴史を重ねたが、2007 年 12 月号で休刊となった。その報に深い感慨を覚えた当時の関係者も多かったと思う。

　しかし、CAI の経験が無駄だったわけではない。真面目に CAI に取り組み、その後も地道に事業を続け、現在の e ラーニングにつないでいる中小零細個人企業のソフトハウスも少なくない。筆者は、CAI の取り組みは現在の e ラーニングの基礎をつくったと信じている。

　そこで、今後の e ラーニングの発展のためにも CAI の教訓をまとめておきたい。まず、CAI の大きな成果の 1 つは、コンピュータ利用が個別学習に効果があることを明らかにしたことである。当時、中学校では校内暴力が荒れ狂い、同時に落ちこぼれや浮きこぼれが大きな問題になっていた。CAI は、一斉指導の中でカバーしきれない学力の低い生徒や能力の高い生徒への指導方法を提示したのである。これは、日本の教育システムの質的転換を示唆したものとして注目すべきであろう。

　しかしながら、CAI は学校教育の中では十分に定着しなかった。その要因を列記してみよう。

　① 文部省が地方交付税の中で情報予算として積み上げても地方自治体は情報分野以外に費用を使ったため、情報環境が整備されなかった。この要因はその後の e-Japan 構想の中でも顕著に表れ、その結果として e-Japan 計画の数値目標が達成されなかった。

　② 一部の熱心な先生に負担が集中し、担当が代わると継続できない状況

が多かった。すなわち、組織的取り組みになっておらず、教員の IT リテラシーも低かった。
③　CAI の教授法を研究し、開発する十分な体制がなかった。
④　パソコン OS や言語でメーカー間の互換性がなかったり、記憶装置や入出力装置などが教育のねらいにそぐわなかったりするなど、教育システムとして十分成熟していなかった。
⑤　市販ソフトはドリル型教材が多く、詰め込み型の個別学習に適しているという評価があった。
⑥　学校教育とコンピュータ業者（特にソフトハウス）との連携が十分でなかった。学校内でのソフトの著作権に対する考えが確立されておらず、教員がコピーすることに抵抗感が少なかったことや自作ソフトの考え方が強かったこともあって、市販学習ソフトの市場ができなかった。

以上の要因は、現在の e ラーニングを取り巻く状況に通じるものもある。過去の教訓は十分に分析して今後の取り組みに生かすべきであろう。

2.2　実践の中で直面する課題

2.2.1　学校と業者の連携

第 3 章で筆者が取り組んでいる畿央大学のライブ授業動画配信システム（以下、本システム）の実践について紹介している。具体的な内容はそちらに譲るが、ここではその経験を基にして、実際に e ラーニングシステムを構築するときに直面する教育的課題について考えてみる。

前述した CAI の教訓のうち、私立大学にとって取り組むべき大きな課題は⑥の「学校と業者との連携」であろう。

本システムの構築に当たって筆者は、運用中のライブ授業配信システム（以下、当初システム）に対する教員、学生の希望を基に実現すべき授業要素を設定した。すなわち、当初システムで実現できているパワーポイント情報の提供に加えて「教員の所作および教員が操作する PC 画面を動画で配信できる」ということを最優先する遠隔 e ラーニングシステムであり、将来的には「ファイル操作を学生と共有できるシステム」の実現を目指すシステム

である。さらに筆者は、当初システムが対象としている大学院の講義型授業だけでなく、研究指導など他の授業スタイルや学部生の指導、他の大学や高校とのコミュニケーション、公開講座の配信など、将来の展開も考慮に入れて利用人数に制限のある ASP（Application Service Provider）サービスではなく、大学が主体的に運用するシステムを目指した。

学校と業者との連携の場は NPO 法人に求めた。すなわち、筆者が参加する「特定非営利活動法人デジタルコンテンツ協議会（DCC）」内の e-Learning 研究会にアイデアを投げかけ、毎月 1 回東京で開催する定例会の主要議題の 1 つとして議論を重ねてもらうことにした。

研究会は、放送設備に強い池上通信機株式会社、オンデマンド教材作成システムでは評判が高い株式会社フォトロン、大学営業に強いユーザーズ株式会社の社員および大学の教職員からなる数名のメンバーで構成され、本書の執筆陣はすべてそのメンバーでもある。ただし、参加するそれぞれの立場は個人であり、会社や大学としての意見を述べたり、方針を決めたりできるわけではない。したがって、最初の 1 年間の研究会における議論は e ラーニングの考え方や現状、理想など基礎研究に関することに集中し、開発の方向性や指針は明らかになったものの具体的な開発計画はできなかった。筆者がこの枠組みの中での開発を諦めかけていた頃、メンバーが所属する会社の中でも検討を進める動きが出てきて、2 年目に入ってから各社の持つ技術を研修し合い、第 3 章で述べる本システムの構築案が浮かび上がってきた。そして、3 年目前期に試行、後期に本格運用という計画に至ったわけである。

このような進め方は必ず開発というゴールに至るわけではないが、現実と理想をきちんと抑えた上で大学側と業者側が情報を共有し、よく相手の立場を理解した上で進められるというメリットがある。また、無理に技術をあてはめようとする弊害もあり得るので、最初から研究だけで終わる可能性もあることを前提にしたドライな関係であることが望ましい。NPO 法人という非営利の組織の中で個人的な立場で参加する研究会をフィールドにしたことは正しかったと判断しており、今後も現場の要望を反映した新しい e ラーニングシステムがここから産まれると期待している。

2.2.2 データベースの構築と管理

当初システムは ASP サービスを受けているので、授業を収録したオンデマンド教材は委託業者が収蔵し、学生に提供している。しかも、その業者の独自ファイルシステムなので大学の学内システムの中で管理し、利用することはできない。本システムでは、業者を介するという制約から開放されるために、授業記録のファイル形式を一般的な WMV 形式（Microsoft のメディアプレーヤー方式）にし、学内のサーバで管理することにした。本システムは大学院の授業用であるが、公開講座や他の授業の収録もでき、オンデマンド配信により学内外に提供することも可能になった。

e ラーニングシステムの大きな特徴の 1 つは記録性であり、教材を学生が「いつでも」「どこでも」利用できることである。しかし、教材はどんどんたまっていくので大量のデータをどう管理するかが課題になる。特に授業を収録したビデオやオンデマンド教材は大容量になるので、メタデータ（データの作成日時や作成者、データ形式、タイトル、注釈、キーワードなど、データについてのデータ）をどのように作成するか、検索をどのようにするか、などによって使い勝手が大きく異なる。本システムでは、フォトロンの Power Rec システムに装備されているメディアサーバシステムを利用して、ライブ配信と同時に作成されるオンデマンド教材を自動収録し、配信することにしている。いずれオンデマンド教材が蓄積されるに従って、利用方法の拡張やデータベースの増大に応じた見直しが必要になるだろう。

本書は、データベースを対象にしていないが、e ラーニングで重要な要素の 1 つがコンテンツであり、記録や作成を進めているうちにたまったコンテンツデータベースをうまく扱う必要性が出てくる。そこで、直接の関連性はないが、注目される検索システムを紹介したい。

国立情報学研究所 高野明彦研究室の研究プロジェクト「新書マッププレス」が構築し、2004 年 6 月に公開された「テーマで探す新書ガイド『新書マップ』[1]」がそれで、キーワードや文章を丸ごと質問文にできる「連想検索機能」により星座表のような関連図（新書マップ）を作成し、新書を探していくシステムである。2008 年 2 月 15 日現在、10547 冊のノンフィクション・教養系の新書・選書が収録されており、2005 年 12 月以降は NPO 法

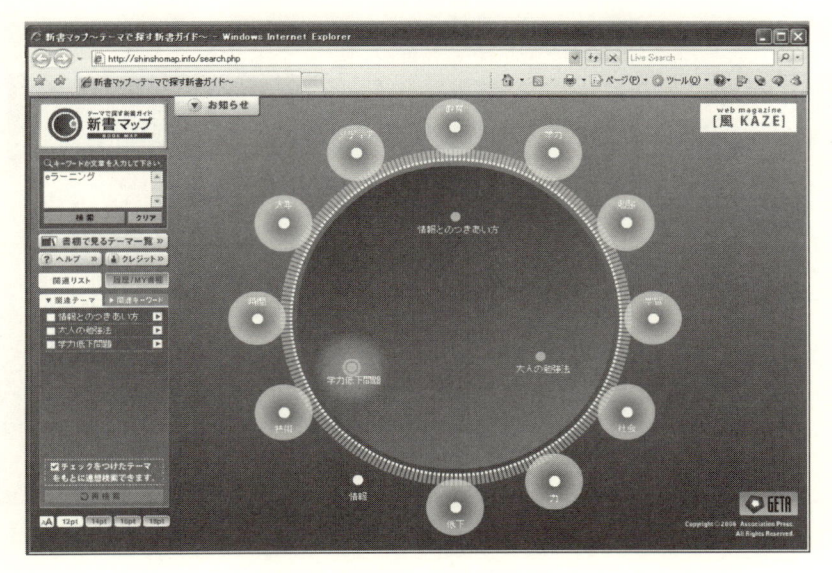

図 2.2 「新書マップ」の画面

人「連想出版[2)]」が運営している。現代的な 1000 テーマについては、関連する本のリスト、本の概要や目次、それらを読み解くための読書ガイドが付けられており、筆者はそれを構築する活動に参加した。

　ここで注目されるのは連想検索機能で、新書マップではオープンソースの「汎用連想計算エンジン GETA[3)]」が使われている。 e ラーニングコンテンツは学生用教材であるが、主体的な学習を促進するためには自ら仮説を設定し探究する過程が求められる。その過程は連想検索の過程に類似している。まさに新書マップにおける読書ガイドは、探究のプロセスに沿って検索過程を示したものなのである。

　 e ラーニングコンテンツをデータベース化する際、新書マップのような連想検索機能を組み込んだデータベースとリンクすることによって、新たな知の探究のフィールドが構築されるのではないか、というのが筆者の提案したいことである。そのヒントになるのが、NPO 法人連想出版が提供する「想IMAGINE[4)]」である。ご覧いただけば一目瞭然だが、新書マップや図書館、古本など連想検索を利用したデータベースやフリー百科事典『ウィキペ

図 2.3　「想 IMAGINE」の画面

ディア（Wikipedia）』などを同じ検索用語で一括検索することができるようになっている。教育機関における新しい活用の研究開発が進み、それが具体化されて教育データベースの 1 つの方向性を示すようになることを期待している。

2.3　eラーニングと GP の役割

　導入の際に最も必要とされるものが費用である。「人がいない」とか「設備がない」といったものもお金があれば解決することが多いのである。実際に高等教育機関におけるeラーニングの普及を見ると、文部科学省が進めている「現代 GP」に採択されて推進されているものが目につく。すなわち、費用の課題を国の競争的資金獲得で解決しているのである。

　現代 GP（Good Practice）は正式には「現代的教育ニーズ取組支援プログラム」といい、文部科学省が推進する「国公私立大学を通じた大学教育改革の支援」の一環である。2007 年度の場合、6 つのテーマの中に「教育効果向上のための ICT 活用教育の推進」があり、採択されれば 2〜3 年間、毎

年 2400 万円を上限とする補助金を受けることができる。事業規模がこの範囲であれば全額補助となるところが大学にとって GP の魅力となっている。2007 年度は、ICT 活用教育のテーマに 100 件の応募があり、20 件が採択された。現代 GP における ICT 関連のテーマは「IT を活用した実践的遠隔教育 (e-Learning)」(2004 年度)、「ニーズに基づく人材育成を目指した e-Learning Program の開発」(2005 年度、2006 年度) と変わってきたが、e ラーニングが中心であったことに変わりはない。2008 年度以降は、現代 GP と特色 GP (「特色ある大学教育支援プログラム」) が統合され、「質の高い大学教育推進プログラム」(教育 GP) となったが、e ラーニングはその中でさらに推進されていくことになるだろう。

　文部科学省の政策「国公私立大学を通じた大学教育改革の支援」には、現代 GP、特色 GP 以外にもいくつもの種類の補助金制度があるが、全体として一般的に GP と呼ばれている。たとえば、畿央大学は 2007 年度学生支援 GP (「新たな社会的ニーズに対応した学生支援プログラム」) に「学生向け健康支援プロジェクト (健康で規則正しい生活が勉強する学生を創る)」が採択された。これは学生の健康状態や食生活、運動、心の健康、生活リズムなどの情報を一元管理するシステムを構築し、学生自身がそれを生かして自律的に健康面や生活面での改善を図る環境を提供するものだが、理学療法学科や健康栄養学科、看護医療学科など健康医療系の学科の学生は授業とのリンクもできるので、広い意味での ICT を利用した教育システムともいえる。GP 自体が教育改革支援であり、この事例のように採択されたプロジェクトの多くは ICT 利用を含むので、GP 全体が e ラーニングを推進する構図になっているといえよう。

　次に、具体的な現代 GP の例として、2004 年度・2005 年度に採択されたプログラムの最終報告をいくつか見てみよう。特に、2004 年度の現代 GP のテーマは「IT を活用した実践的遠隔教育 (e-Learning)」であり、申請条件が「インターネット技術でいつでもどこでも学習できること」だったので、本書が中心的に取り上げている遠隔 e ラーニングシステムと共通する内容が多い。

表 2.1　2007 年度現代 GP「教育効果向上のための ICT 活用教育の推進」採択内容。件数：20 件（内訳：大学 17 件、短期大学 1 件、高等専門学校 1 件、共同 1 件）

	取組名称	設置	大学等名
1	統合型英語 Online CALL システム—社会のニーズに応える英語コミュニケーション能力を養成するための英語 Web CALL システムの開発—	国	千葉大学
2	ICT を活用した新たな教養教育の実現—アクティブラーニングの深化による国際標準の授業モデル構築—	国	東京大学
3	ICT 活用教育と従来型臨床現場実習の連携	国	東京医科歯科大学
4	臨床医学教育を強化向上させる ICT—e-learning で培う医の心と技—	国	岐阜大学
5	技術者の実践対応力育成カリキュラムの開発	国	静岡大学
6	デンタルスキル養成実体感シミュレータ学習—バーチャルリアリティ触力覚デバイスを応用した歯科ハンドスキル・シミュレーショントレーニング—	国	大阪大学
7	間違い探しを基盤とする洞察力育成医療教育	国	九州大学
8	北東アジアにおける英語使用環境の構築—ICT 活用による新しい英語教育モデルを目指して—	公	島根県立大学
9	理工系学部での学習トレーサビリティー理工系知識共有のための ICT 教育システムの構築と社会への質保証の取組-	私	千歳科学技術大学
10	ICT 活用教育の FD／SD プログラム—人材育成の一翼を担う ICT 活用教育の質向上を実現する研修プログラムの開発と普及—	私	青山学院大学
11	新しい ICT 導入による授業効果の向上—Polling Pad と iPod を用いた双方向性講義形態の導入による学習効果の向上—	私	慶應義塾大学
12	学生が協調的に作問可能な WBT システム—ICT を活用した自律的学習の推進—	私	創価大学
13	専門基礎の充実を図る教育版 CRM の導入—"Customer：学生"とのリレーション強化による専門基礎教育の実質化—	私	金沢工業大学
14	アーカイブズ連携型自立学習支援システム—学部教育から卒後・生涯教育まで—	私	愛知学院大学
15	ブレンデッド学習による学生中心の教育改革—ICT を活用したエンカレッジ指導モデルの構築—	私	日本福祉大学
16	ICT を活用した双方向教育システムの構築—情報メディア端末の教育システム「ポータブル HInT」導入による革新的教育法—	私	阪南大学
17	実践的経営シミュレーション演習プログラム—ビジネス社会に直結した経営学教育のための ICT を活用した教育コンテンツおよび教育システム開発の取組-	私	甲南大学
18	電子カルテ教育システムによる看護基礎教育—個別的・双方向的手法で医療情報と看護を学ぶ教育改善指向型プログラム—	公短	新見公立短期大学
19	中学生プロコンによる実践的技術者への育成—高度な IT 関連技術者を目指す学生のコミュニケーション能力開発—	国専	八代工業高等専門学校
20	プロジェクト型大学間交流連携ゼミの構築—法学部連携によるカリキュラム多様化環境の生成—	共同	名古屋大学、大阪大学

注）共同（複数の大学等での共同の取組）の最初の大学等名は、主となる 1 つの大学等名を表す。

出典：文部科学省資料（http://www.mext.go.jp/b_menu/houdou/19/07/07072005/003/006.htm）

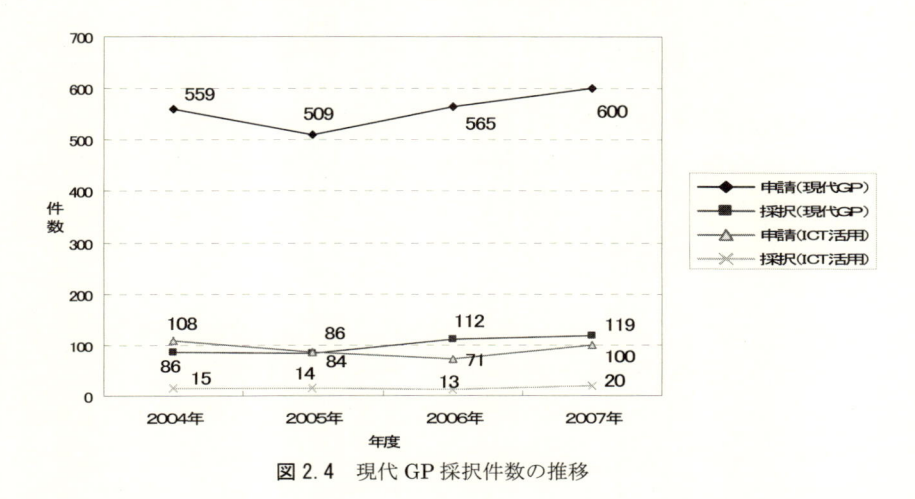

第2章 eラーニングの現場から見た課題

図2.4 現代 GP 採択件数の推移

申請（現代GP）: 559 (2004), 509 (2005), 565 (2006), 600 (2007)
採択（現代GP）: 86 (2004), 84 (2005), 112 (2006), 119 (2007)
申請（ICT活用）: 108 (2004), 86 (2005), 71 (2006), 100 (2007)
採択（ICT活用）: 15 (2004), 14 (2005), 13 (2006), 20 (2007)

　現代的教育ニーズ取組選定委員会第 6 部会長の清水康敬・メディア教育開発センター理事長は、2004 年度採択プログラム全体を総括する報告の中で「我が国の大学等における本格的な e-Learning はこれからスタートしようという段階である。そのため、e-Learning で学習したいと考えた者が求める e-Learning コースを、一つの大学だけでは探せない。そこで、我が国の大学等が配信する e-Learning コースを横断的に学習者が調べることができれば、各大学などが提供するコース全体の中から選択することができることになる。そのためにはそれぞれの e-Learning コースにメタデータ（LOM、学習対象メタデータ）を付与、一般に公開することが望ましい。」と指摘し、大学間で協調して学習者に e ラーニングコースウエアを提供することを求めた。ここでもコンテンツの充実とデータベース化（共有化）が課題になっている[5]。

　さて、個別に見ると、大学院や学部の専門分野など多様な領域で教材開発や遠隔システムの開発など多岐にわたるプログラムが並んでいる。

　教材作成活動に重点を置いたのは金沢大学の「IT 教育用素材集の開発と IT 教育の推進」プログラムである。全学的組織「IT 教育推進プログラム」（現在は ICT 教育推進室）を中心として IT 教材用素材集（図、動画、JAVA アプレット、数式、数表、グラフ、TEX など）を作成し、素材デー

タベースを構築、学内無線 LAN の整備や新入生のノート PC 必携化、LMS（学習管理システム）の全学利用化などの動きと連携して、リメディアル教育や正規授業への利用、インターネット大学院における利用まで拡大した。全学的な組織的取り組みと学内の情報化の動きとの連携がポイントと思われるが、GP の採択によって組織的取り組みが加速化されている。なお、「金沢大学 e-Learning 素材データベース」は大学内の教育目的に限り公開されている [6]。

佐賀大学のプログラム「ネット授業の展開」は、2002 年度から実施しているオンデマンド型の授業を発展させ、e ラーニング利用の授業を拡大し、ブレンディッド・ラーニングなど多様な教育手法による教育効果の向上を研究、展開するものである。さらに佐賀大学は、メディア教育開発センターや金沢大学と共同で教材の共有化を図る事業の展開を行っており、全国の大学との間で教育教材の共同利用も計画している。また、佐賀県内の大学・短期大学および放送大学と連携して、同期型遠隔授業（テレビ会議システム型）と非同期型遠隔授業（フル e ラーニング型）を利用して、共通講義が受講できる仕組みを 2008 年度から実施しようとしている [7]。

岐阜大学の「教師のための遠隔大学院カリキュラムの開発」は、大学院教育学研究科において現職教員が働きながら学べるインターネット型遠隔教育を実現したプログラムである。現代 GP の活動として、カリキュラム（教育内容、カリキュラム運用、教育方法）を開発して、教育学研究科のすべての専修（13 専修）に導入する計画を立て、GP が終了した 2007 年度は 8 専修で受け入れ準備ができ、うち 4 専修が実際に学生を受け入れた。リアルタイムで授業を配信する同期型講義（平日夜間）の専門科目、学生が都合のよい時間に学ぶオンデマンド型のオープン科目、休日や夏季休暇中に教室で行う対面型集中講義の共通科目・専門科目を組み合わせたブレンディッド・ラーニングを展開している [8]。

翌 2005 年度に採択された現代 GP の例を見てみよう。

大阪府立大学看護学部の「看護実践能力の獲得を支援する e ラーニング－臨地実習用ユビキタス・オン・デマンド学習支援環境の構築－」は、問題解決能力を育成するための看護実践事例を e ラーニング教材として開発し、学

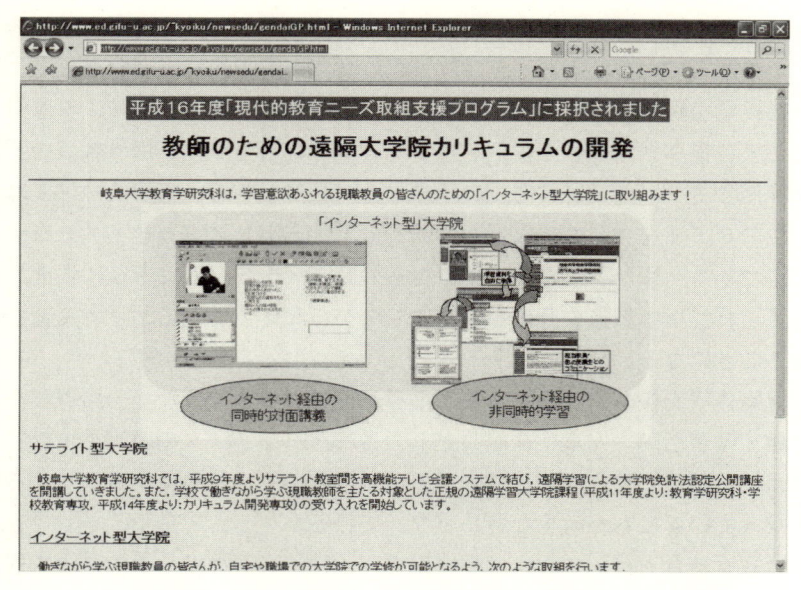

図 2.5 「教師のための遠隔大学院カリキュラムの開発」(岐阜大学)

生が「いつでも、どこでも、簡単に」学習できる「ユビキタス・オン・デマンド学習支援環境」を構築するとしている。この取り組みは「CanGo プロジェクト」と呼ばれ、学部内に「CanGo Project 看護教材開発研究センター」(通称：eラーニングセンター)を設置、株式会社神戸製鋼所との産学連携で進めている[9]。

ユビキタス・オン・デマンド学習支援環境では、携帯型マルチメディア端末(ソニー・プレイステーション)で教材サーバにアクセスして学習することができ、実践事例やデジタル副教材をダウンロードして個人の「デジタル看護辞典」を作成し、いつでもどこでも学べるようになっている。インターネット環境が利用できない自宅や臨地実習先でも利用できるのがポイントで、実習先での疑問解消にも役に立つシステムとなっている[10]。

大阪大谷大学の「実践力をつける実習教育統合支援システム」は、資格取得のための実習指導を充実させることを目的とし、実習前・実習中・実習後の一連の指導をする「実習ビデオコンテンツ」「指導案作成支援システム」

「レポート作成・添削支援システム」「プレゼンテーション学習支援システム」からなっている。実習ビデオは実際に教育実習や保育実習などで学生が行った授業を映像として収録したもので、画面には動画に加えて、映像中の発言および指導教員のコメントが文字で表示されるエリア、指導教員の全体的な評価やアドバイスが文字で表示されるエリアがある。実習前の学生は他の学生のビデオを見て仮想実習を体験し、より充実した実習をイメージすることができる。また、実習本番では自らのビデオを収録、実習後に場面ごとに与えられた指導教員の評価を参考にしながらビデオを見ることで実習を振り返ることになる。

指導案作成支援システムは単なる指導案作成ツールではなく、指導観や指導目標・学習活動、児童生徒観など入力されたパラメータや説明事項などを踏まえて、論理的整合性を意識すべき項目について自動的にチェックする機能を持っていることが大きな特長となっている。

実習教育統合支援システムは教育現場における必要性からその構成や機能が考えられている。eラーニングシステムやコンテンツを開発する際の重要な視点であろう[10]。

2.4 eラーニングにおける課題と展望

『eラーニング白書』[11]によれば、近年eラーニングを導入している大学が大幅に増えていることがわかる。

これらのeラーニングの利用方法は、次のように分けることができる。

(1) 遠隔教育としてのライブ授業

授業をリアルタイム配信し、学校間、複数のキャンパス間あるいは自宅などの学校以外の場所で受講できるシステムである。

これは、実際に通学することなく、他大学や他キャンパスさらには、自宅など学校以外の場所でリアルタイムに受講することが可能なので、単位互換のある大学間、複数のキャンパスがある大学などでは、学生が移動することなく受講できるため大変便利である。また、社会人にとっても通学することなく、受講ができるので、社会人教育にも多く取り入れられている。

(2) オンデマンドによる授業

これは対象となる授業を録画、編集などした、いわゆる「授業コンテンツ」をサーバに保存したり、再生メディア（たとえば、DVD など）にプレスして、受講者が希望する時間帯に再生して受講できるシステムである。

オンデマンド方式も、もちろん遠隔教育を担うことは可能であるが、欠席した学生が受講できることや復習でもう一度授業を受けられるなど、学生サービスの一環としての役割も果たすことができる。

以上のような用途から多くの大学で e ラーニングが取り入れられているのであるが、すべてが順調に進んでいるわけではない。まだ多くの課題を孕んでいることも事実である。

2.4.1 アンケート調査結果

そこで、NPO 法人デジタルコンテンツ協議会では、e ラーニングを導入している大学を対象にしてアンケート調査を試みた。回答数は少なかったものの e ラーニング導入時の問題点、導入後の課題などを垣間見ることができた。そして、この課題は e ラーニング導入に際して、誰もが直面する問題だと言うことができるだろう。

まず、実施したアンケートの内容は、次のとおりである。
① e ラーニング活用の現状
② 導入時の状況
③ 導入時のネック
④ 導入時のネックの克服方法
⑤ 外部サポートについて
⑥ どういった方面で外部サポートが必要か
などが、主な項目である。

具体的なアンケートの内容は、次ページのとおりである。

1. 貴学（または先生の所属部署）におけるeラーニング活用の現状について教えてください。
    1. 先進的にやっていると思う
    2. なんらかの形で実践している
    3. 近い将来導入の方向で取り組んでいる
    4. アイデアや計画はあるが進んでいない
    5. 取り組んでいない
    6. その他（以下にご記入ください）

2. 導入されている先生にお聞きします。導入の際はスムーズでしたか。
    1. 大変スムーズだった
    2. 多少は苦労したが、理解されるのは容易だった
    3. 大変苦労した
    4. その他（以下にご記入ください）

3. 導入の際にもっともネックになることはどういうことですか。
    1. 費用の調達
    2. トップの判断
    3. 要員不足
    4. 設備環境
    5. 教職員の意識
    6. 学生の意識
    7. その他（以下にご記入ください）

4. 差し支えなければ、ネックを克服する（克服した）方法を教えてください。（自由記述）

5. これからeラーニングを導入する際に外部のサポートが必要ですか。（あるいは、かつて導入した際に必要としましたか）
    1. 絶対必要
    2. ある程度必要
    3. 必要ない

6. 外部サポートが必要と思われる場合、どのような内容を希望しますか。（自由記述）

7. その他、eラーニングの導入や発展についてご意見がございましたらお聞かせ下さい。（自由記述）

第 2 章　e ラーニングの現場から見た課題

このアンケートに対して、回答の内容は次のとおりであった。

回答した大学は、積極的に e ラーニングを推進している。ただ一大学のみが、今後活用の方向で進めていた。

1. 貴学（または先生の所属部署）における e ラーニング活用の現状について教えてください。
   - なんらかの形で実践している
   - 先進的にやっていると思う
   - 先進的にやっていると思う
   - その他（当方の所属では活用しようという方向にあります）
   - 先進的にやっていると思う

2. 導入されている先生にお聞きします。導入の際はスムーズでしたか。
   - その他（実際に導入に携わったわけではないので、わからない）
   - 大変苦労した
   - 多少は苦労したが、理解されるのは容易だった
     （平成 16 年度に現代 GP が採択されて、大学の上層部の理解のもと、教材の作成や e-Learning 環境構築の目処がたったので、その後は比較的スムーズに計画が進行した。また、3 年間の GP の期間がすんだ後も我々の活動が認められ、恒常的な組織として ICT 教育推進室の設置が認められ活動を継続している）
   - その他（これから取り組む方向にあります）
   - 多少は苦労したが、理解されるのは容易だった

3. 導入の際にもっともネックになることはどういうことですか。
   - トップの判断
   - 教職員の意識
   - 費用の調達
     （注）全学的な e-Learning の展開の見地からは上記の設問の全てが重要で、どれか一つという性質のものではありません。もし、「もっとも」というのであれば「費用の調達」になります。それも補助金のような一時的な物ではなく、恒常的に与えられる予算が必要となります。
   - 要員不足
   - 費用の調達

eラーニング導入に際して、担当者は大変な苦労をされているのである。推進される方は、かなりの覚悟を決めて取り組んでいかなければならないことが予想される。

物理的には、資金と人員の確保が大きなネックになっている。資金は教育GPなどの助成金を利用して調達するのがよいだろう。また、人員の確保は外部委託などによって確保する方法も考えられる。

> 4. 差し支えなければ、ネックを克服する（克服した）方法を教えてください。（自由記述）
>   - 本学では、2001年度から、単位の取得できるフルeラーニングを、教養教育科目として開始した。当時は、eラーニングの実験ということで、教務委員会を軽く突破した。しかし、コンテンツ作成を行いながら開講し、スタッフもほとんどいなかったために、休講もあり、当然、学内の評判は悪かった。しかし、GP採択後、スタッフを数名雇用し、多くの科目より、少しの科目を着実に進めることにより、学外の評判がよくなった。現在、学内の理解が少し得られつつある。
>   - 全学的な展開という見地からは、教員、学生のサポートが重要であり、そのためには予算が必要であり現代GPに採択されたことが大きかったと思います。あとは着実にプロジェクトを実行し、大学の上層部、教員、学生に認知される努力をしたことにつきると思います。また、補助金は期間終了によって無くなってしまうことを見越して、学内に予算がついた恒常的な組織を作るようにしたことも大きいと思います。

eラーニングの導入後、学内的にeラーニングを少しずつ進め、学内で認知されることが重要である。そして、**教職員および学生が一体となって推進していくことが成否の鍵**となるようである。

> 5. これからeラーニングを導入する際に外部のサポートが必要ですか。（あるいは、かつて導入した際に必要としましたか）
>   - ある程度必要
>   - ある程度必要
>   - 絶対必要
>   - ある程度必要
>   - 絶対必要

> 6. 外部サポートが必要と思われる場合、どのような内容を希望しますか。（自由記述）
>   - 教材コンテンツの提供、オープンソースの **CMS** のサポート
>   - **LMS** は基本的には、外部サポートがよい。コンテンツ作成も学内で行うのは無理。安くてよいコンテンツを共有で利用できる環境がよい。
>   - 大学間での教材共有のシステムの構築及び学内に情報技術に関する組織を持たない大学のために **APS**（或いは **SaaS**）によるシステムの提供が必要であると思います。（SaaS : Software as a Service）
>   - コンテンツの作成・編集、問い合わせへの対応、システムの管理

すべてを学内で完結するのではなく、ある部分は外部のサポートに頼る必要性があることが窺える。外部委託は、専門外の分野やコンテンツ制作などに多く見られる。

> 7. その他、eラーニングの導入や発展についてご意見がございましたらお聞かせ下さい。（自由記述）
>   - eラーニングにより教育効果が向上したことを測定するようなメソッドの開発。
>   - これから立ち上げるなら、**LMS** やコンテンツは外部に依存して、学内では、eラーニングをどのようにサポートし、費用対効果、学習効果を高める工夫、ノウハウの構築が重要である。
>   - eラーニングに限らず、学生教育に関して力をいれ、頑張っている教員への評価が必要です。eラーニングはその中の項目の 1 つとして扱います。また、eラーニングの教育効果を客観的に評価し、eラーニングの導入を支援する組織がこれからの我々の活動にとって重要であると認識しています。
>   - eラーニングを普及・発展させるには、コンテンツ開発に関わる大きな負担をいかに軽減するかが重要であると思います。
>   - 著作権等の問題をクリアしつつ、機関を越えて共有できる仕組みができれば良いと思います。

以上のように、eラーニングは、資金の調達とそれを運営する人員の確保が大きなネックとなっていることが窺える。さらには、学習効果についての測定方法、コンテンツ開発への負担軽減そして著作権の問題など、課題はまだ多いと言わざるを得ない。

2.4.2 アンケート調査の分析

　アンケートの回答数は少ないものの、eラーニング導入にあたってある程度の課題が凝縮されているといえるだろう。すでに導入した大学やこれから導入しようと考えている大学の担当者に聞いてみると、アンケートに書かれているような回答が返ってくる。

　特に、費用の問題や人員の確保などの問題については、結構深刻な課題でもある。また、eラーニングは映像が中心なので、コンテンツ制作をどうするのかといった問題に直面する。さらには、ネットワーク構築、学習管理システム（LMS）などでは、学内に専門家がいない、あるいはeラーニング担当者に専門家がいないなどの場合は、大きなネックとなっている。

　いずれにしても、eラーニングの導入と運営を担う担当者の統率力がその成否の鍵を握ることは否めない。この担当者となる人物を中心にして組織的に取り組まないと成功はしないだろう。eラーニングは従来の授業とは、大きく異なる形式となる。とすれば、講師陣の協力は不可欠で、このとき、組織的な運営やeラーニングを推進する人物の手腕が問われる。

　ここで、アンケートに回答のあった課題をまとめてみると、次のとおりとなる。

① eラーニング導入に際しての担当者の負担
② 教職員およびトップの理解、資金と人員の確保
③ 外部に委託する必要性あり。（コンテンツ制作、ネットワーク管理・運営など）
④ 特に、コンテンツ制作（収録、編集、エンコードなど）は外部委託が必要
⑤ eラーニングに関しての将来的なビジョンを確立すること

などが挙げられるだろう。

　まず、資金調達であるが、eラーニングの導入に際して、インフラの整備やコンテンツ制作には多額の費用が必要となるのは免れない。だからといって、この少子化の中で、大学の台所事情も火の車であることは事実である。こうした状況では、上層部にeラーニングのために資金調達をお願いするのも難しい。すでに、前項でも触れているが、また、アンケートの回答にもあ

るが、教育 GP などに採択されて、助成金などを活用して導入すると大学への経済的負担は軽減されるだろう。

さらに言うと、将来ビジョンを確立した後、設備投資は将来的なことも考えた上で、最小限に留めるのが得策であろう。e ラーニングが学内的に浸透していき、その重要性が認知される段階ごとに設備投資をするのもよい。だからといって、必要な設備まで削減すると失敗するケースが多い。やはり、しっかりしたビジョンを持って、計画的に設備投資をするのが重要なのである。

次に、人員確保の問題であるが、自校内で処理できない場合は、外部委託するのがよいと思われる。たとえば、ネットワークシステムや **LMS**、映像制作などの専門家がいない場合は、外部に委託すれば、人員の確保の必要もなくなるし、内部の負担も軽くなる。また、その分、コンテンツ制作のための講師間の調整やそのための企画などに専念でき、充実した e ラーニングの開発へと進むことができる。e ラーニングの成否は、コンテンツの充実にかかっているといっても過言ではないので、なるべく本来の業務を優先し、外部に任される分野は外部委託のほうがよいだろう。

以上、e ラーニング導入時の課題は、ある程度抽出できたと思われるが、次に、今後どのような問題が生じるかについて話題を移してみよう。

2.4.3 コンテンツのデータベース化

e ラーニング用のコンテンツを制作していくと、コンテンツのデータは増える一方である。当初はどのデータがどのような内容かは、おおむね推測ができるのであるが、データの量が増えていけば整理がつかなくなる。過去のコンテンツを探そうと思った場合、目的のコンテンツに辿り着くために多くの労力を費やさざるを得なくなる。

こうした、問題に対処するのが、コンテンツのデータベース化である。すでに、前項でデータベース化に触れているが、文字ベースのデータベース化が中心となっているので、ここでは、映像のデータベース化について触れていきたい。

まず、e ラーニングの場合、コンテンツはアーカイブとして、特定の保管

場所に保存されている。当然ではあるが、eラーニングのコンテンツを制作するとサーバにファイル名を付けて保存する。そして、Web形式とかLMSなどを通じて、サーバに保管したコンテンツにアクセスして、受講する方法が一般的であろう。だが、このファイル名で、内容までを表現するのは大変難しい。つまり、ファイル名、日時、容量などから目的のコンテンツを探し出すのは、容易ではない。そのため、アーカイブ化されたコンテンツをデータベース化し、検索機能をつけて容易にデータを取り出すシステムを構築すると便利である。

　eラーニングのデータは、画像や映像が中心となる。映像の場合は、圧縮方法が数多くあり、どの圧縮方法を選ぶかが重要である。なぜなら、圧縮方法によってファイル容量が左右されるからである。その圧縮方法は次のように分類できる。

・mpeg1
・mpeg2
・mpeg4（.H264も含む）
・wmv（Windows版はMedia Playerで再生可能）
・mov（Quick Timeで再生可能）

などが代表的ではあるが、これ以外にも圧縮率がよく、クオリティーの高い形式のものもある。ただ、この場合のソフトは、専用のソフトに付属する場合が多く、そうでなくても有料のソフトを使ってエンコードするしかない。一方、wmv形式にエンコードをするソフトは、Microsoftから無料でダウンロードができ、かつ、PlayerもWindows版には標準で付属しているため、多くがこの形式を使っている。

　以上のいずれかの形式で映像データをエンコードし、アーカイブとして保存されたデータをデータベース化していく。そして、日時、テーマ、ファイル名、内容のサムネール、講師名などのメタデータと映像データを同期しておけば、瞬時に必要な映像を取り出すことができるのである。

　その具体的な例が、株式会社フォトロンの映像データのデータベースシステムである。

　このシステムを使えば、日時、講師名、カテゴリー、使用Playerなどに

分類でき、検索が容易となる。さらには、主要な項目となる検索用のキーワードも入れられるので、コンテンツが増え、多くのデータの中から必要なデータを探し出すのが容易となる。

図 2.6 は、映像コンテンツのデータベースの例である。これは、映像コンテンツをデータベースに登録すれば、下記情報が検索でヒットする。

コンテンツ番号・コンテンツ種別・タイトル・サブタイトル・公開期間・代表静止画像・再生方法・説明文・メモ・講師・言語・検索用キーワード・作成日時　など。

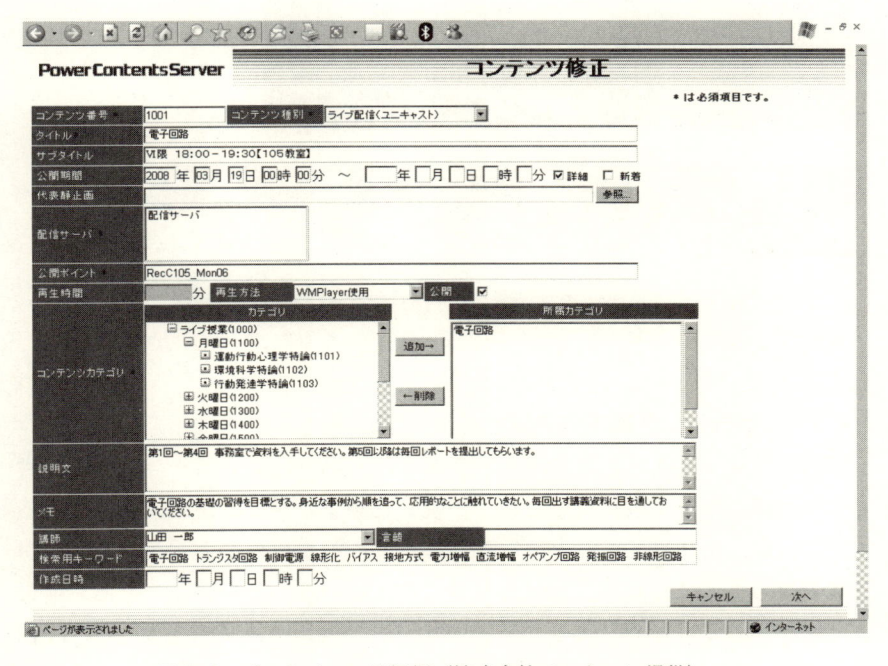

図 2.6　データベース登録例（株式会社フォトロン提供）

図 2.7 は、映像の時間軸に埋め込んだキーワードで検索ができる。つまり、映像に説明文を入れて、メタデータ（テキストデータ）として保存し、そのメタデータと映像を同期すれば、探している内容の映像に瞬時にヒットすることが可能となるのである。

図2.7 映像とメタデータ（テキスト）とのリンク例（株式会社フォトロン提供）

2.4.4　eラーニング端末のモバイル化

　LMS の完成とコンテンツ制作ができると、いよいよeラーニングが運営できる状態となる。現状では、多くが視聴覚教室とか PC が設置されている教室に移動して受講することになる。しかし、それ以外でもeラーニングが受講できるようになれば、もっと発展するに違いない。幸いなことに、最近では無線 LAN が標準化されてきたため、この無線 LAN を設置し、Wi-Fi（ワイファイ）が標準で装備されている機材があれば、どこでもeラーニングを受講することが可能となる。

　たとえば、Wi-Fi を装備したノート PC があり、学内に無線 LAN を設置している範囲内であれば、図書館、食堂、自習室などでeラーニングの受講が可能となる。学生にとっても気軽に受講できるのである。

　さらに、もっと携帯性があるものに、Nintendo DS や SONY PSP（プ

レイステーションポータブル)、Apple iPod touch などには、Wi-Fi が標準装備されているものやオプションで付けられるので、無線 LAN さえあればどこでも e ラーニングの受講が可能となる。ただ、PC ほど高性能ではないので、Web 形式の e ラーニングにダイレクトにアクセスするには、スペック的な限界があり、受講することが厳しくなることがあり得る。

そこで考えられるのが、Apple の場合だと podcast 経由で e ラーニングを受講するとか、YouTube を通じて配信するとかの方法をとることである。すでに、いくつかの大学では、この YouTube に録画授業をアップロードして配信している。

それ以外の使い方としても、ハードディスクにコンテンツを保存し、電車の中や昼休みの食事の合間などに受講する方法がとれる。こうした携帯性に優れた端末が多く出てきたので、「ユビキタス」e ラーニングの到来は、すぐそこにきているといえるだろう。

ただし、このような携帯性のある機器である Apple iPod touch などは、一方通行だけの e ラーニングではよいのだが、インタラクティブ性（双方向性）では、まだ不十分といわざるを得ない。

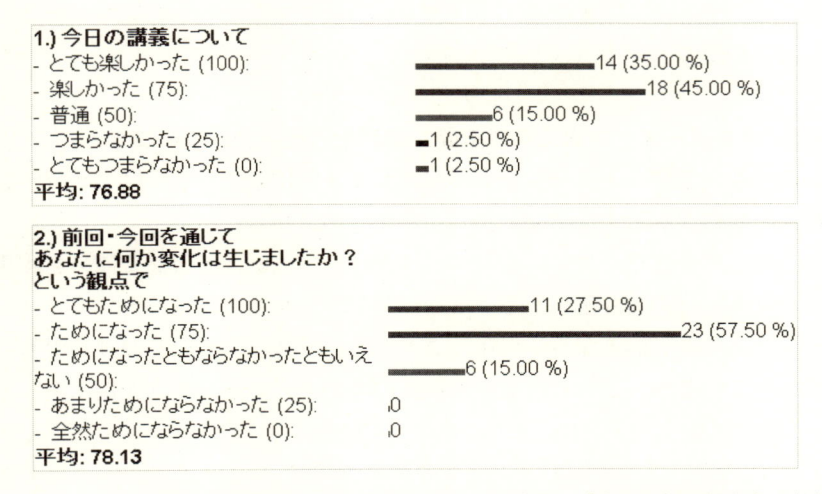

```
1.) 今日の講義について
- とても楽しかった (100):       14 (35.00 %)
- 楽しかった (75):              18 (45.00 %)
- 普通 (50):                    6 (15.00 %)
- つまらなかった (25):          1 (2.50 %)
- とてもつまらなかった (0):     1 (2.50 %)
平均: 76.88
```

```
2.) 前回・今回を通じて
あなたに何か変化は生じましたか？
という観点で
- とてもためになった (100):              11 (27.50 %)
- ためになった (75):                     23 (57.50 %)
- ためになったともならなかったともいえ
ない (50):                               6 (15.00 %)
- あまりためにならなかった (25):         0
- 全然ためにならなかった (0):            0
平均: 78.13
```

図 2.8 Nintendo DS を使った授業のアンケート結果。「大阪電気通信大学工学部基礎理工学科 舟橋春彦 准教授での授業（基礎理工学科「基礎理工学入門」 with ニンテンドー DS　ホームページより引用）」

図 2.9　iPod touch を使って e ラーニング

　携帯性といえば、携帯電話が学生の間には最も普及している。しかし、携帯電話の場合は、通信料がかかるため、それがネックとなる。
　また、ゲーム機や音楽プレイヤーを教育に使うのを賛成できないという意見もあるだろうが、学生にとっては親しみやすく、e ラーニングにも距離感をおくことなく、取り組むことができるだろう。実際、取り入れている学校では、今まで以上に学生のモチベーションも高まったといったアンケート結果も出ているのである（図 2.8 を参照）。

2.4.5　メタバース（3 次元仮想空間）の利用（セカンドライフなど）

　ある程度大学間に e ラーニングが浸透してきた段階で、各大学のコンテンツを大学間で共有化する必要も出てくることが予想される。
　そこで、最近注目されているのが、メタバース（3 次元仮想空間）を利用したコンテンツの共有化である。このシステムを利用すればバーチャルユニバーシティーも可能となる。現在、このメタバースはいろいろな種類のものが出てきているが、ここでは最も会員数の多いセカンドライフを例にとって述べてみたい。
　セカンドライフは米国のリンデンラボ社が運営する仮想空間の世界である。ここから閲覧ソフトをダウンロードしたユーザーはアバター（分身）をサーバに登録し、メタバースの世界に入ることができる。メタバースの世界

には、各種イベントやショッピングがバーチャルで体験できる。このシステムを利用してeラーニングを配信すれば、バーチャルの大学が可能となるのである。

さて、セカンドライフ内での授業は、どのようなことが可能なのかについて触れてみたい。

(1) **セカンドライフ・オリジナルビューアのコミュニケーション機能の活用**

セカンドライフ・オリジナルビューアのコミュニケーション機能には、以下のような基本機能が搭載されている。これらの機能を活用することで、現実の教室で行われているに等しい実践的なeラーニングの実現が可能となる。

① 音声チャット
② テキストチャット
③ ノートカードの共有（テキスト）
④ 画像データの共有
⑤ 動画、音声の視聴
⑥ 画像の閲覧

(2) **具体的な授業のイメージ**

(a) 講堂での授業

講堂には大人数を収容することができ、教授側から学生への講演方式の授業を行う。

口頭での授業に加え、より理解度を深めるための補完的な教材として、動画視聴およびプレゼンテーションパネルを利用する。

① 動画パネルを活用した授業
② プレゼンテーションパネルを活用した授業

(b) 教室での授業

少人数で、ディスカッションやコミュニケーションを主体とした授業を行う。

音声チャットやテキストチャットなどのコミュニケーション機能に加えてノートカードや画像データの共有機能により、教材を利用して授業を行うこ

とができる。

① 資料を共有した授業
② ディスカッション

以上が、セカンドライフでの機能を利用した授業の方法である。

このセカンドライフの機能を使い、「文教地区」に相当するエリア（SIM）を持って、そこに仮想の学校を開校すれば、バーチャルの学校ができるのである。そして、セカンドライフでは、パソコンのディスプレイ上の画面を配信できたり、チャット機能（文字ベースやボイスチャット機能も用意されている）もあり、受講者からの質問も他の聴講者と共有できるなど教室で授業を受けているのと同じ環境となる。また、映像も配信できるため、映像を流しながら講義をすることも可能なのである。

NPO法人デジタルコンテンツ協議会でも株式会社SUNより、このエリア（SIM）を購入したので、バーチャルによる人材育成の授業をセカンドライフ上に開講する予定である。

しかし、このセカンドライフは3D CGによるコンテンツのため、ユーザーにとっては高スペックのパソコンが必要で、普及していくためには、それがネックとなっている。現在では、利用者の増加傾向は陰りを見せ、やや停滞している模様であるが、いくつかの問題点を克服すれば、いずれ以前のような活気を取り戻すに違いない。

図2.10　セカンドライフの講義例（株式会社SUN提供）

2.4.6 まとめ

　eラーニングで最もネックになるのがコンテンツ制作であろう。コンテンツ制作は、講師が講義をしている様子を撮影したり、教材をパソコンからプロジェクタを通じて投影している場合は、そのデータを取り込む必要がある。黒板を使っている場合は、黒板の字が読めるぐらいの鮮明さで収録が必要となる。そして、講義をしているときの講師の声の収録は、クリアであることが要求される。

　これらのコンテンツ制作のための収録には、ある程度の技術が要求される。つまり、ビデオカメラ撮影、編集、配信のためのエンコード（インターネットなどで配信するとき、データを軽くするための圧縮）などの工程を経てコンテンツが完成する。そのため、かなりの労力を要する。

　したがって、コンテンツ制作の省力化が図られれば、飛躍的にeラーニングは発展していくに違いない。つまり、授業をそのまま収録（黒板や講義）し、編集やエンコードをしなくてもコンテンツが完成してサーバに蓄えられるシステムがあるとよいのである。また、パソコンのデータや講義を簡単な操作で収録し、リアルタイムでエンコードしてくれるシステムなどがあればよいのである。

　これらのシステムとして、池上通信機株式会社の「授業自動収録システム」や株式会社フォトロンの「**Power Rec**」などがあるが、詳細は第4章、第6章を参考にしていただきたい。

参考資料

1) http://shinshomap.info/search.php
2) http://rensou.info/
3) http://geta.ex.nii.ac.jp/
4) http://imagine.bookmap.info/imagine
5) http://www.mext.go.jp/a_menu/koutou/kaikaku/needs/04110401/001/008.htm
6) http://www.mext.go.jp/a_menu/koutou/kaikaku/needs/04110401/012.pdf
7) http://www.mext.go.jp/a_menu/koutou/kaikaku/needs/04110401/026.pdf

8) http://www.mext.go.jp/a_menu/koutou/kaikaku/needs/04110401/015.pdf
9) http://www.cango.jp/
10) 『実践力をつける実習教育統合支援システム成果報告書 平成 19 年度』、大阪大谷大学
11) 『eラーニング白書2007/2008年版』、経済産業省商務情報政策局情報処理振興課、東京電機大学出版局

第3章

通学制大学院における遠隔ライブ授業

3.1 導入まで

　奈良県内ではあるが、大阪のベッドタウンといわれる地区に位置する学校法人冬木学園・畿央大学は2008年度で開学6年目の新しい大学である。前身は桜井女子短期大学だが、開学時に専門学校における教育だと世間でみられていた理学療法士を養成する学科を含んでいたので注目を浴びた。関西地区では神戸大学に理学療法学科があるのみで、私立大学でははじめてのことだったのである。開学時は健康科学部（理学療法学科・健康生活学科）の1学部2学科というこじんまりとしたスタートだったが、2006年度には教育学部を設け、2008年度時点では健康科学部（理学療法学科・看護医療学科・健康栄養学科・人間環境デザイン学科）、教育学部（現代教育学科）および大学院修士課程健康科学研究科の2学部5学科1大学院から構成されている。「徳をのばす」「知をみがく」「美をつくる」という建学の精神の下に"健康"と"教育"をテーマにした教育研究および社会サービスの活動を展開している。

　eラーニングシステムを導入した大学院健康科学研究科は健康科学部を基礎として2007年度に開設されたが、対象者は理学療法士、管理栄養士などを仕事とする社会人が想定された。忙しい仕事をしながら大学院に通うことはかなり困難であることが予想されるので、講義科目は最大限在宅で受講できるようにeラーニングシステムを導入することが決まった。もちろん、通

学制大学院として教室で受講してもらいたいという希望は変わらないので、通学しやすいように授業時間を土曜日以外は夕方の時間帯に設定した。

　2007年度は定員20名に対して22名が入学したが、予想どおり21名は現職の社会人だった。他の1名は畿央大学の学部卒だが、就職したため実質的には全員が社会人ということになった。入学者の住所は関西地区が多いものの埼玉県や熊本県で働いている者もいた。ほとんどの学生が遠隔受講に魅力を感じているということで、遠隔eラーニングシステムの導入は大学院の生命線であるということができる。

　設置認可に当たって、文部科学省の条件は、遠隔授業は対面授業（面接授業）と同等の質を維持すること、「同時かつ双方向性」の機能を持つこと、というものであった。したがって、私たちが設定した遠隔教育システムの選定条件は次のようになった。

① 遠隔受講と教室内受講の学生が同時に存在することに対応できること
② 「同時かつ双方向性」の機能を持つこと
③ 復習用・欠席者学習用として、間に合うタイミングでオンデマンド教材が作成できること
④ 受講に必要な通信環境による負担が少ないこと
⑤ 教授者に要求されるITスキルの負担をできるだけ軽減すること
⑥ 費用面で大学院の経営を圧迫しないこと
⑦ 将来バージョンアップする際の制約が少ないこと

　この条件には、「学生や教授者の追加負担を最小にしたい」「大学として少人数教育でも継続できるようにしたい」「進歩する技術を積極的に取り入れて独自のシステムをつくり上げたい」という思いが込められていた。システムを進化させるバックボーンとして、筆者（渡辺）はNPO法人デジタルコンテンツ協議会を想定し、会員有志で構成する「e-Learning研究会」の主要テーマとして取り上げてもらった。研究会は毎月1回開かれ、e-Learningに関心のある大学人と企業人の共同研究も併行して始まった。

　文部科学省への大学院設置申請ぎりぎりまで、少しでも条件に合うシステムを採用するということで情報収集と研究を重ねた。その結果、すでに文部科学省の認可を受けて八洲学園大学が導入しており、ASP方式で運営する

第 3 章　通学制大学院における遠隔ライブ授業

図 3.1　大学院健康科学研究科の構成

ライブ授業配信システム「Live Now!」[1]（株式会社デジタルナレッジ）を採用することにした。

3.2　ライブ授業配信システムの仕組み

ライブ授業配信システムの教室内の機器構成は以下のとおりである。
① 教授者用パソコン
② Web カメラ
③ 書画カメラ
④ タブレットまたは電子ボード
⑤ プロジェクタ・スクリーン

畿央大学では一般教室とゼミ室の 2 部屋にライブ授業配信システムを設置しており、写真で教室内の機器構成を示した。図 3.2 は図 3.3 の奥の部分にあたり、上記①〜③が置かれている。図 3.3 に見える電子ボードは教壇の横にあり、黒板の前にスクリーンが位置している。教授者は電子ボードの前に立ち、教室内の学生に語りかけながら授業を進めることが多い。

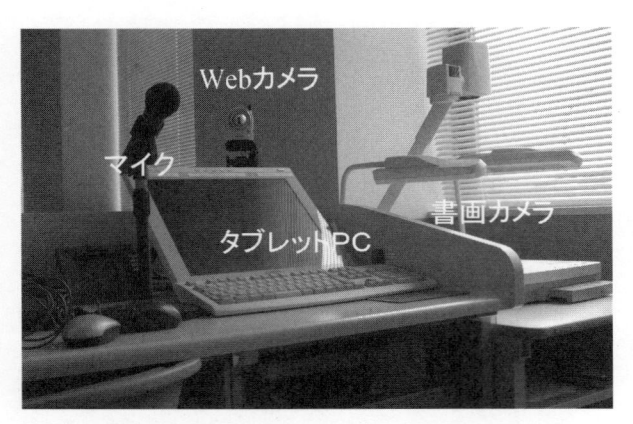

図 3.2 教室内の機器構成。マイク、カメラ、PC など

図 3.3 教室内の機器構成。電子ボードとスクリーン

　パワーポイントを利用する教授者は事前に内容を PC に取り込んでおき、それをタブレット PC 画面か電子ボードに写し、その上に手書きで書き込みながら授業を進める。電子ボードを利用する場合は、パワーポイントの操作や手書きによる上書き（板書）を電子ボード上で行うことができるので、普通の授業のように学生の前に立って行うことになり、動き回らなければならないということはない。タブレット PC を使う場合は、PC の前に座りながら遠隔生と教室生の両方に語りかけることになる。書画カメラの情報は授業

第3章 通学制大学院における遠隔ライブ授業　　　　　　　　　　　**61**

中に読み込むこともできるが手間がかかるので、パワーポイントと同じように事前に取り込むことが多い。立体的な教材を見せる場合、写真を撮る必要がないという利点がある。

　タブレットを使う場合や電子ボード使用時でも教室での受講者が多い場合は送信画面を教室のスクリーンに投影している。

　メンター（サポート担当者）は Web カメラの方向やパソコンの不具合、通信状態の監視を行っているが、教授者や受信側の学生が慣れるにつれて手間がかからなくなった。

　なお、パワーポイントなどのデータは PC に取り込む際には HTML データに変換されるが、パワーポイントの動画はアニメーション GIF 以外は反映されない。また、パワーポイントファイルの容量に制限があり、圧縮していない画像を取り込む教授者の場合、メンターが圧縮しなおすという作業が必要である。

　Web カメラの画像は 10 数秒間に 1 枚程度配信される、いわば"パラパラ漫画"で、音声との同期が取れていない。基本的には静止画の世界のシステムと考えればよい。これは学生側の通信環境が必ずしも高速でないことを考慮したものだが、教育効果としては動画を使えない、教授者の所作情報が有効に伝わらないというマイナス要因になっている。

3.2.1　授業の方法

　私たちは、導入に当たり、教員の心理的な負担を軽減するため「今までと同じような授業をやっていただいてそれをそのまま配信する」というコンセプトを強調した。そして次のように段階的に授業への対応ができることを説明した。

　（授業方法 1）板書と講話のみの場合、タブレットまたは電子ボードに手書きをし、マイクでしゃべるだけで授業を配信できる。

　（授業方法 2）さらに紙媒体を使う場合、書画カメラから取り込んで配信する。その方法として、「プリントや教科書、写真、物体などをそのつど書画カメラで取り込む」か「事前に教科書やプリントなどを書画カメラからパワーポイントデータとして取り込んでおく」のいずれかの方法がある。

(授業方法 3) パワーポイントを使う場合、①事前にパワーポイント教材をつくる、②教材を事前に取り込んで PC で表示する、という作業を行う。
(授業方法 4) 以上のような内容を組み合わせて使う場合は次のようになる。
〔準備〕
① パワーポイントや紙資料、教材を準備する。
② パワーポイントを取り込む。
〔授業〕
③ マイクを使って話をする。
④ パワーポイントの画面上に手書きで説明を加える。
⑤ 書画カメラで資料を取り込む。
⑥ タブレットまたは電子ボードの画面をホワイトボードにして、手書きで説明を書く。
⑦ 小テスト問題を出し、回答させる。
⑧ チャットの質問を見ながら、必要に応じて音声で回答する。
⑨ ディスカッションルームを利用して教授者を含む全体でチャットをする。
⑩ URL 連絡機能で Web ページにアクセスさせる（メディアサーバに用意した動画を見せる）。

ただし、⑩では、URL 連絡機能はライブ授業配信システムの機能だが、メディアサーバの動画のストリーミングは別のシステムを併用するものである。

図 3.4 の写真は、ある日の授業風景である。この授業は、教室に来て対面授業を受けている学生が多いが、遠隔地への授業ライブ配信も同時に行っている。教室におけるライブ感をいかに生々しく遠隔地に送ることができるかが遠隔教育の課題である。その意味で対面授業と遠隔ライブ配信授業を行っている実践の研究的価値は大きいと感じている。

図 3.5 は、電子ボードを使って授業を行っているところであるが、教室にいる学生はライブ配信をしているということをほとんど意識していないであろう。また、遠隔地で受講生に教室のライブ感がどの程度伝わっているかは微妙だが、教室生と同じ授業だということが遠隔学習に悪い影響を与えてい

図 3.4　授業風景その 1

図 3.5　授業風景その 2

ることはないと感じている。

　ただ、教授者側から指摘されていることは、遠隔の受講者に流すデータには 15 秒程度の遅延があるので、音声で質問した場合、回答が来るまで待たなければならないということである。教室にいる学生の進行とずれるので、遅延を意識して待つ間の材料を用意しておかなければならない。

3.2.2 ライブで配信される授業要素

遠隔地でライブ授業を受講する学生に提供される画面には次のような授業要素が伝達される。

(1) パワーポイント情報
(2) 手書き（板書）情報
(3) 書画カメラ画像
(4) 音声情報
(5) 教室映像（Web カメラ画像）
(6) 5 択回答のアンケート問題
(7) 教授者のチャット（ディスカッションルーム使用時のみ）
(8) 参照 URL 情報

逆に、学生から送られてくる情報は以下のとおりである。

(1) チャットによる質問や回答
(2) アンケート回答
(3) 理解度回答（出席チェックを兼ねる）
(4) ディスカッションルームでのチャット

実際の授業では、教科書やプリント、参考ファイルなどが事前に配布されており、これらの教材を総合して授業が進められる。

図 3.6 は、学生側の画面例である。教授者が説明しながら電子ボードに手書きで図を書いているところである。手書きは完全な映像ではないが、画像間隔が短いので動きのあるものとして伝達される。この①のエリアが主な学習要素であり、パワーポイントや書画カメラの画像、板書情報などが表示される。

②のエリアは、Web カメラの映像が表示される。ただし、配信に遅延があること、10 秒間に 1 枚程度の画像配信であり、完全な動画ではないことからリアルな教授者の所作は伝達できない。遠隔学習に必ずしもリアルタイムの教授者の動画は必要なく、静止画でよいという研究者の意見を聞いたことがある。確かに、学習内容はメインエリアに表示される教材と音声情報で十分ともいえるが、学生や教授者からは音声と同期をとってリアルタイムで教授者の映像を流して欲しいという強い要望がある。声の表情だけでなく、

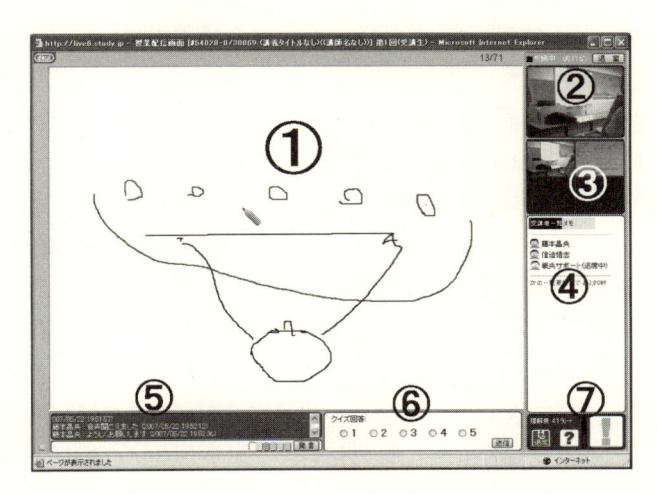

第3章　通学制大学院における遠隔ライブ授業　　　　　　　　65

図 3.6　受講者側の画面の例。①パワーポイントや板書、書画カメラ画像を取り込むエリア、②Web カメラ画像、③プレビュー、④受講者一覧、⑤チャット、⑥アンケート回答、⑦理解度回答（出席チェック）

顔の表情や動きなどの所作情報（非言語情報）は実際にはかなり重要な学習要素だということがわかっており、次のシステム開発の大きな課題となっている。特にライブ配信という臨場感が学習効果を上げる授業の場合は必要性は高いと考えられる。

　③のエリアは、Web カメラや書画カメラのプレビュー画面である。書画カメラの画像はここでチェックしたあと、メインエリアの教材に取り込まれる。

　④のエリアには、受講者一覧が表示される。同じ科目を受ける学生の名前がわかる。⑤のエリアには、受講者のチャットが表示される。受講者はいつでも質問や教授者の質問に対する回答を書き込むことができる。教授者はここを見て、授業中にすぐに音声や板書で回答するか、授業終了後にメールや掲示板で回答するかを判断する。受講者は自分が書き込んだ内容だけでなく、他の受講者が書き込んだ文も見ることができる。

　⑥のエリアは、アンケート回答欄である。教授者が最大 5 択の質問をしたとき、受講者はここで回答を選んでクリックするとその結果が教授者側画

面にそれぞれの選択肢別の回答件数とし表示される。したがって、授業中に学生の反応を聞いたり、さまざまなアンケートを行うことができる。ただし、アンケート結果は保存されない。

⑦のエリアは、授業の理解度を伝えるエリアである。受講者は、いつでも「授業が理解できた」という意味の記号（！）か「よく理解できない」という意味の記号（？）を押すことができる。この割合（授業理解度）が教授者側のパソコン画面に表示されるので、理解が不十分なら説明を詳しくするなどの対応ができるというわけだ。ただし、受講者全員が同時に押すわけではないので、教授者が「はい押してください」という指示を出さない限り受講者全員に対する理解度は得られない。現在は、15 分以上理解度ボタンを押さないとパソコンの前にいないと判断して「退席」という処理がされる。再度理解度ボタンを押さない限り授業画面を見ることができないので、受講者がパソコンの前にいるかどうかのチェックになっている。授業中の存在確認用にも活用されている。

ディスカッションルームはメニューから別ウインドウを開く。そこでは教授者も書き込みができるので、遠隔の学生と文字情報の議論ができる。ただし、教室にいる学生はパソコン教室にいない限り音声でしか参加できないことになり、その場合は音声とチャットのタイムラグが問題となる。

参照 URL 情報もメニューから別ウインドウを開いてそこに URL を書き込む。学生は教授者が書き込んだ URL のリンク先をクリックし、畿央大学のサーバにアクセスするか、インターネットエクスプローラで指示された一般の Web ページを開くことになる。

ライブ授業配信システムによって配信されるデータは、現在、大学から ASP 業者側のサーバを経由して受講者に配信されている。また、オンデマンド教材は、授業をライブ配信すると同時に各配信要素をプロバイダ側で収録し、編集して数日後にサーバに掲載している。もちろん、ライブ授業もオンデマンド教材も履修登録をしている学生しか利用できない。

3.3 ライブ授業配信システムの評価

　健康科学研究科の授業は平日の夕方および土曜日に開いている。このうち、講義形式の科目がいわゆるメディア科目として文部科学省に届けたものであり、遠隔での受講が可能な科目である。2007 年度前期は講義形式の授業が 18 科目予定されたが、受講希望者がいない科目や通学生のみの受講でライブ授業配信を行わない科目を除く 11 科目でこのシステムが利用された。表 3.1 の時間割例（1 年次前期）では「専門科目演習」以外はすべてメディア科目である。

表 3.1　大学院健康科学研究科の授業時間割例（1 年次前期）

		月	火	水	木	金
VI 限	18:00〜19:30	先端バイオサイエンス技術特論	専門科目特論	美しく生きるための健康科学総合特論	健康科学特論 III	環境科学特論
VII 限	19:40〜21:10	栄養管理学特論	専門科目演習	運動行動心理学特論		

		土
II 限	10:40〜12:10	健康科学特論 II
III 限	13:00〜14:30	カウンセリング特論
IV 限	14:40〜16:10	人間工学特論

　通学と遠隔受講をその日の都合で選ぶ学生がいるのでライブ授業配信システムの利用者は変動するが、2007 年度前期の実績では、遠隔での受講者数は 0 名から 11 名まで分布した。0 名の科目は、遠隔受講者がいないが、欠席者や教室生が復習するために授業をオンデマンド教材として記録したものである。授業には毎回研修体験を持つメンター（サポーター）を 1 名配置した。

2007 年度前期の授業を各科目とも数回実施したあとのアンケートに見られる学生、教授者の評価は以下のとおりである。

＜学生＞

総合的な満足度は高く、ほとんどが 4（5 段階評価）だった。メンターおよび情報センターが操作や情報環境に関する相談にきめ細かく対応したことに対する感謝も寄せられた。

導入に当たっての問題は、入学前の学生に対する指導がしにくいことである。受信側のパソコンや通信の環境が数字的には基準を超えていても、設定やウィルス対策ソフトなど使用ソフトとの関係で必ずしもうまくいくとは限らない。そこで、ASP 側の通信環境チェックサイトで入学前に接続試験をしてもらったり、オリエンテーションの時間をつくって授業と同じように双方向のやりとりをするテストを行った。ポップアップウインドウを制限する設定が原因でうまく接続できないケースも多かったが、4 月の開講時にはすべて解決し、その後もきめ細かなサポートをしたので、これらのことが原因で評価を落とすことはなかった。開講前の 3 月時点では対応していない Windows98 やマックしか持っていない学生が数名おり、さらに開講してからは検証できていない WindowsVISTA を導入した学生が次々に現れ、これ

●学生の評価

＜高い評価＞
- 予想以上にスムーズで違和感なく受講できる。
- 開講前にていねい、かつ迅速な対応をして頂いた。
- サポート担当者（メンター）からそのつど指示を頂けるのが心強い。
- ライブ授業配信のおかげで仕事に影響なく講義に参加できる。
- ディスカッション形式の講義を行ったりしてライブ授業でも積極的に受講できる。

＜低い評価＞
- ディスカッションや選択問題を行う授業が少ないと感じた。
- 授業開始が遅れることがある。
- 音声が聞き取りにくい。
- スライドがややはみ出てしまう。
- Web カメラの性能が上がればもっと臨場感があると思う。

第3章　通学制大学院における遠隔ライブ授業

らの対応に追われる場面もあった。

　学生の不満は「音声が悪い」「動画（Web カメラ画像）の効果がない」に集中した。これは音声データを軽くするために帯域を制限していること、Web カメラの画像が動画ではなく、約 10 秒おきの静止画送信であり、なおかつ音声データに同期していないことが原因である。

　＜教授者＞

　「大学院の授業は対面でないとできないのでは」という思いが強い教授者もおり、導入前の不安は大きかった。そこで導入研修を重ね、実際に自分の教材でリハーサルをしてもらったりもした。たとえば、開講前の 1 月に行われた「大学院就任予定教員打合会」ではライブ授業配信システムのデモを行い、3 月には授業担当教員に模擬授業をやってもらってライブ授業配信システムの操作を習得してもらった。4 月に入ってからは、授業開始直前に一人 30 分以内で本番並みのライブ授業リハーサルを行った。

　実際に動き始めたら意外にスムーズに進行した。評価アンケートでは、教授者のシステムに対する総合的な評価は人によって大きく異なり、2 から 5

●教授者の評価

＜高い評価＞
・最初は戸惑ったが、何とか柔軟に対応している。
・迅速なトラブル対応をして頂いた。
・サポート担当の方には非常によくやって頂いている。
・学生の皆さんが真面目で熱心である。
・遠隔地の学生を受け入れることができるというのが、最大のメリットである。
・最初に考えていたよりは上手くいっている。

＜低い評価＞
・通常の授業と勝手が異なり、違和感が強い。
・遠隔にいる学生とのやり取りにタイムラグが生じてしまう。
・チャット画面が狭すぎる。
・対面でないこと、資料の提示の仕方が限定されることなど、もどかしい。
・ビデオ教材が使えない。
・板書が書きにくい。
・研究室で作成したパワーポイントがそのまま使用できない。
・パワーポイントにすべての情報を読み込まなければならない。

までばらつきが大きい。不満は、遠隔生への配信の遅延（10〜20秒程度）に対するものが多く、音声で質問したあと、遅れてチャットによる回答が届くので教室生とのタイムラグをどう処理するかに工夫が必要となっている。また、ビデオなどの動画教材を使いたいという声も強い。電子ボードについては、教室生と遠隔生に同時に教える際にはかなり有効であるとの高い評価を得た。評価中の「板書が書きにくい」という指摘は、電子ボードに備え付けの描画機能ではなく、配信システムのソフトで管理しているので反応が遅いケースがあるためである。

　これらのアンケートは即座に改善するために、授業を始めて早い時期に取ったのでこのあと教授者が慣れたり、サポートをしっかりしたりという措置で解決したものも多い。たとえば、低い評価の中の「通常の授業と勝手が異なり、違和感が強い」という声は慣れるに従って弱くなり、「ビデオ教材が使えない」というのは他の要素でカバーしたり、メディアサーバを利用してもらったりした。「板書が書きにくい」という不満は、タブレットの場合は多少残ったものの、電子ボード利用の場合は慣れるに従って不満は少なくなった。「研究室で作成したパワーポイントがそのまま使用できない」という指摘は、パワーポイントの最新バージョンに対応していないことによるケースが多いが、容量の制限があることが原因の場合は使っている画像の解像度を落とすなどのサポートを行った。

　不満のすべてが解決したわけではないが、問題が浮き彫りになるたびに「できること」「できないこと」をはっきりさせ、次のシステムの課題を整理しながら運用を進めた。この「できること」「できないこと」をはっきりさせ、教授者・サポート側・受講者全体に公開することでその条件を共有したことがスムーズに滑り出した大きな要因だったかもしれない。

3.4　授業要素とeラーニングの評価

　第1章の1.1.3項で述べたとおり、授業要素を次の12分類に基づいて授業配信システムを評価することができる。
　＜基本情報＞

第3章 通学制大学院における遠隔ライブ授業

① 音声情報(講話)
② 板書情報
③ 所作情報(身振り・手振り、表情、移動)
④ 資料情報(教科書、プリント、その他教材)
<IT 利用>
⑤ プレゼンテーションソフト情報(パワーポイント利用など)
⑥ 動画情報(ビデオ鑑賞、リハビリテーション動画教材の利用など)
⑦ 動的プロセスの提示(表計算ソフトや CAD などの操作をリアルタイムに提示)
<双方向性>
⑧ 質問(学生からの質問および教授者側からの回答、あるいはその逆)
⑨ 討論(学生間を含む討論、ディベートなど)
⑩ 発表(授業中に学生が他の学生に対して発表)
⑪ 作業(作品の制作など)
⑫ テスト(授業中に回答)

これに従うと、このシステムの評価は表 3.2 のようになる。

表 3.2 ライブ授業配信システムの授業要素分析

授業要素 利用法	基本情報				IT 利用			双方向性				
	音声	板書	所作	資料	プレゼン	動画	プロセス	質問	討論	発表	作業	テスト
システムの評価	◎	◎	△	○	◎			○	○			○

◎:十分対応できている、○:効果が期待できるほど対応できている、
△:ある程度の機能はあるが効果が低い、ブランク:機能がない

　これに前述の教授者・受講者の評価から要求されている要素を入れ、さらに技術的な条件から諦めているが本当は欲しいと思っている機能を加えると、次に目指すべきシステムの全容が見えてくる。すなわち、「ビデオ教材を使いたい」「カメラ映像による臨場感が欲しい」「教授者の表情やしぐさ

を動画で伝えたい」「顔を見ながら音声によるディスカッションをしたい（遅延がない状態で）」「ファイルを学生間で共有したい」「教材の制限容量を大きくして欲しい」「遠隔にいる学生でも調査・研究結果を直接発表できるようにしたい」などの声を最大限反映するシステムが望まれている。一方、大学院レベルでは「テスト」機能はそれほど重要ではないようだ。

これらの機能を表に落として見ると表3.3のようになる。

表3.3 ライブ授業配信システムとして望ましい授業要素

授業要素 利用法	基本情報				IT利用		双方向性			
	音声	板書	所作	資料	プレゼン	動画	プロセス	質問	討論	発表	作業	テスト
システムの評価	◎	◎	◎	○	◎	◎	◎	◎				

授業をライブ配信する際に実現したい要素に対して考えられる具体的な対応策を列記してみよう。ただし、実現可能かどうかは検証しておらず、導入の優先順位なども考慮していない（具体的な次期ライブ授業動画システム開発については次の項で述べる）。

＜特に医療系科目や建築系科目で＞
① 動きのあるもの、立体的なものを見せたい。
　→動画配信システムを導入する。
＜統計学など、操作を伴うIT系科目で＞
② すべてのソフトに関して操作を見せたい。
　→PC画面を動画として送信する動画配信システムを導入する。
③ 遠隔生にも直接ソフトを操作させたり、書き込みをさせる。
　→ファイルを教授者・受講者全員で共有し、遠隔操作ができるシステムを開発する。
＜カウンセリングなど心理学系科目で＞
④ 対面で質疑応答や議論をしたい。

→すべての参加者の映像を共有するテレビ会議システムを導入する。
＜共通＞
⑤　教授者の所作情報を伝えたい。
　→動画配信システムを導入する。
⑥　音声をよくしたい。
　→帯域と容量を改善する。通信環境を改善する。
⑦　画面や音声を送信する際の遅延を少なくしたい。
　→通信環境を高度化するとともに技術改善を図る。
⑧　黒板の字をそのまま見せたい。
　→高性能のカメラを使用する。圧縮技術の進歩。通信環境の高度化を行う。
⑨　「同時かつ双方向性」の内容の改善
　→遅延しない技術の開発。テレビ会議システムを導入する。
⑩　「いい授業」をそのまま配信
　→技術優先ではなく、授業の要素分析や教授法の開発を優先してその上で技術を開発する。「技術ありき」ではなく「人間に合わせる」をモットーに。
⑪　費用対効果（コストパフォーマンス）
　→コストが高く、操作が複雑な多機能型ではなく、必要最小限の単純なシステムを開発、導入する。
⑫　授業支援システム／LMS の利用
　→教材・学習履歴管理の一体型でなく、別システムとの併用も考え、全体として進化する体制をつくる。

3.5　ライブ授業動画配信システムへ

　課題の多くは慣れれば解決するが、技術的に解決しなければならない要素もある。すなわち、教室の様子を動画で配信する（所作情報を送る）、どんなソフトを使っている場合でもパソコン上の動きを伝える（プロセス情報の送信）、学生の表情を見ながら指導をする（対面指導）などの要望について

はこれまでのシステムでは対応できないので、ライブ授業動画配信システムを導入することにした。それは本書執筆の母体である e-Learning 研究会の研究開発活動の成果でもあり、オンデマンド教材作成システムとして定評のある株式会社フォトロンの Power Rec をライブ配信システムに組み込んだ内容となる。畿央大学ではそのシステムを「KiTss-Live（キッツライブ）」という名称で呼ぶことになる。KiTss とは畿央大学が進めているエンロールメント・マネジメントシステム「畿央大学総合支援システム」の名称であり、授業支援や学生生活支援、健康支援など、学生の大学における活動を総

図 3.7 「畿央大学総合支援システム KiTss」（授業支援）画面の一部

表 3.4 新システムでカバー予定の授業要素

授業要素 利用法	基本情報				IT 利用			双方向性				テスト	復習
	音声	板書	所作	資料	プレゼン	動画	プロセス	質問	討論	作業	発表		
システムの評価	◎	◎	◎	●	●	◎	○	●	●	●			◎

合的に支援・指導するシステムの総体をいう。

　新しく導入予定のライブ授業動画配信システム「KiTss-Live」は，表 3.4 に示す授業要素をカバーする予定である。

　表のうち，新たに出てきた記号（●）は，他のシステムを併用して実現しようと考えている要素である。すなわち，「資料情報」については，教科書やプリントを郵送などで受講者側に送るという従来の方法もあるが，すでに運用されている「KiTss 授業支援システム」を活用すれば，学生はデジタル教材をいつでもどこでもサーバからダウンロードできる。また，「質問」「討論」の要素では同システムに掲示やメール，Q&A の機能があり，これを活用する予定であるが，授業中にリアルタイムにやりとりをすることはできない。そこで，テレビ会議システムなどを併用して，音声による授業中のミーティングを実現する計画を立てている。「発表」については，あらかじめ発表担当の受講者がパワーポイント資料などをサーバ側に送っておき，教授者側の操作になるが，発表者の指示によって動かしながらミーティングをやることができるだろう。

　各社から提供されているテレビ会議システムは，参加者の顔を見ながらミーティングができる。また，その多くがファイルを共有し，参加者が 1 つのファイルを操作する機能を備えている。これらの機能を持つテレビ会議システムを導入し，ライブ授業配信システムと併用した「KiTss-Live」とする予定である。

　「動的プロセスの提示」については，KiTss-Live が完全な動画システムとなるので，表計算ソフトや CAD などの操作をリアルタイムに動きを見せながら説明することが可能となる。そしてテレビ会議システムを併用することで遠隔の受講者が直接ソフトを操作できるようになり，学習効果が格段に上がると思われる。

　KiTss-Live は，動画のオンデマンド教材を作成する株式会社フォトロンの「講義自動収録・動画教材作成システム（Power Rec システム）」をライブ配信できるようにバージョンアップしたシステムである。したがって，欠席者が学習したり，復習するためのオンデマンド教材は授業終了直後に完成している。それをメディアサーバあるいは KiTss 授業支援システムに自動

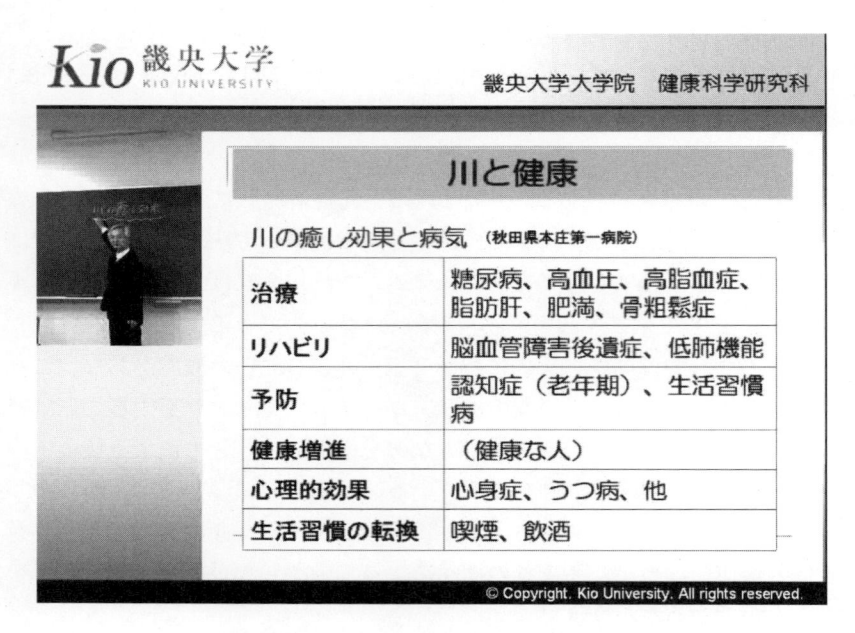

図 3.8　オンデマンド教材の画面の例

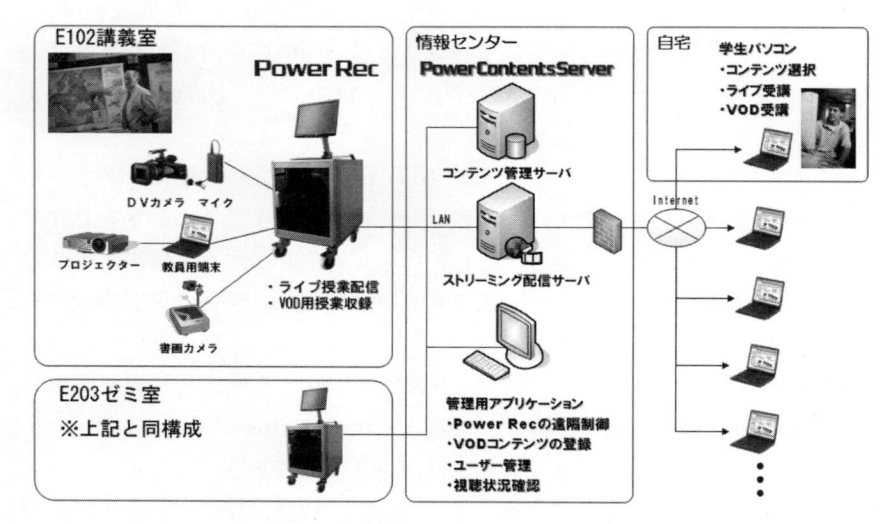

図 3.9　KiTss-Live のシステム構成

アップするので、受講者がいつでも学習できるようになる。

　大学院の授業を担当している教員に、講義自動収録システムで作成したオンデマンド教材を見てもらって意見を聞いたところ、授業の可能性が広がると好評であった。実際の授業をライブ授業動画配信システムでいかに効果的に遠隔の受講者に提供するか、実際にテスト運用しながら機能を高めていくことになっている。

　私たちはいたずらに機能の高度化に走ることはしないつもりである。たとえば、黒板を使ったシンプルな授業を字が鮮明に読めて受講者が見たい黒板の位置を選択できるシステムは、池上通信機株式会社の現在の技術で可能であり、学校現場で教授法を研究開発すれば教授者側からは負担がなく、遠隔にいて教室生と同じレベルの学習効果が得られるだろう。このように、授業のパターンに合わせた多様な授業配信システムをフレキシブルに考えたいのである。受講者が最大の学習効果を得ることを第一の目的にし、「"いい授業"をそのまま配信しつつ、なおかつ IT 利用の付加価値をつける」という立場で教育実践や開発に当たりたい。

参考資料

1) http://www.digital-knowledge.co.jp/01-tool-platform/index_live.html
2) 八洲学園大学　http://study.jp/univ/yashima/univ/
3) 渡辺幸重、業類型別にみたライブ遠隔授業システムの構成に関する研究、『畿央大学研究紀要』、No.5, 2007

第4章

授業自動収録システム

　授業自動収録システムとは、撮像機器（カメラ）、収録媒体（VTR、DVDなど）そして配信システムからなるシステムである。
　ここでは、撮像機器、放送方式、配信システム、収録媒体の解説を加えながら、eラーニングのための授業自動収録システムの事例を紹介する。

4.1　カメラ

　動画を撮るカメラは、民生品からプロ用まで多種多様のものが出回っている。これは使い方の違いからくるものであり、当然性能や価格にも大きな差がある。しかし、放送局でも小型・軽量でないとまずい場所などでは民生品を使用することもある。また、使用形態が限られる場合には〇〇用と謳ったものを流用することもある。たとえば、表題にあるような授業収録などには監視用カメラが使われることがある。そこで使用用途別にカメラを分類し、その特徴などを述べる。

4.1.1　放送用カメラ

　放送用カメラはカメラの中でも最高級のものであり、画質などの性能も最高レベルである。当然このカメラに使われるレンズも高性能のズームレンズである。カメラの命である撮像素子はCCD（電荷結合素子）を使用したものが主流で、特殊な用途の超小型カメラを除いてCCDを3枚使用している。

この CCD の画素数は HD（High Definition）で 220 万画素、SD（Standard Definition）で 50〜60 万画素である。大きさは 2/3 インチのものがほとんどである。画質の良し悪しを決める数値の信号対雑音比 S/N（signal/noise）は HD で 58 dB 前後で、最近では 60 dB のものも生産されている。SD で 63 dB 以上である。S/N は、数値の高いほうがきれいである。

　放送局では、おおむね HD カメラが主流となっているが、本体価格で 460〜1000 万円程度である。SD カメラで 140〜500 万円程度で HD カメラの半分ほどである。

図 4.1　スタジオカメラ（箱型）の概観

図 4.2　スタジオカメラ（ハンディータイプ）の概観

第 4 章 授業自動収録システム

図 4.3 小型カメラの概観

4.1.2 監視用カメラ

近年、「安全・安心」が強く叫ばれており、監視用カメラの設置が公用・私用とも大幅に伸びている。

監視用カメラは、リモコンで方向や大きさを変えられるものと固定のものとに大別できる。基本的に常時監視者がいる場合はリモコンで操作する方式が多い。いずれも収録機器につながっている。また、設置場所により屋内用と屋外用とに分けられる。

授業を収録する場合、黒板を撮影していれば十分であることが多く、この低価格の監視用カメラを使うことがある。

撮像素子は 1/2〜1/4 インチのもの 1 枚、画素数は 38 万程度、小型・軽量

　(a) 通常タイプの概観　　　　　　(b) ドームカメラの概観

図 4.4 監視用カメラ

のものが多い。S/N は 50 dB のものが主流である。

監視用カメラは大量に使用するため、レンズ込みでも 13～30 万円程度と低価格になっている。

4.1.3 デジタルシネマ用カメラ

デジタルシネマ用カメラは放送用 HD カメラをマルチフォーマット化したものが主流であるが、シネマ用に特化したものもある。放送用 HD カメラは毎秒 30 フレームで飛び越し走査（インターレース）方式であるが、シネマ用のカメラは毎秒 24 あるいは 48 フレームでプログレッシブ方式にしたものである。

近年、CG との相性のよさやコピーでの劣化が少ないことなどにより、SF 映画などでデジタルシネマ用カメラが多用されてきている。

2K クラス（2048×1080at24or48FPS）で 200 万画素のタイプと 4K クラス（4096×2160at24FPS）で 800 万画素のものとに大別できる。コマ落し撮影や高速度撮影のできるバリアブルフレームカメラレコーダも出始めている[1]。

NPO 法人ディジタルシネマ・コンソーシアム（DCCJ）が 2K や 4K で製作された映画を積極的に上映している。

4.1.4 特殊用途用カメラ

（1）医療用カメラ

医療用カメラは手術の際の補助として用いられることが多い。したがって高画質のものが求められる。

撮像素子は 1/2～1/3 インチの CCD 3 枚で構成される。画素数は 40 万程度である。S/N は非常によく 62～64 dB である。

（2）高速度カメラ

肉眼では捕らえられない一瞬の現象を撮るためのカメラで露光時間が短く、高感度のものが必要である。

NHK 放送技術研究所が開発した超高速度高感度カメラは、各画素の光電変換部に映像を記録するメモリが撮像素子に直結した CCD を 3 枚使用して

第 4 章　授業自動収録システム

いる。画素数は 8 万画素で感度は ISO 2000 に相当し、100 万枚/秒での撮影が可能である [2]。

以上を表 4.1 にまとめた。

表 4.1　カメラの種類

区分		撮像素子				S/N	価格（万円）
		大きさ（インチ）	種類	画素数（万）	枚数		
放送用	HD	2/3	CCD	220〜230	3	55〜60 dB	1000〜460
	SD	2/3	CCD	50〜60	3	63 dB 以上	490〜140
監視用	屋内	1/2〜1/4	CCD	38	1	50 dB	30〜13
	屋外						
デジタルシネマ用	2K	2/3	CCD	220	3	54 dB	
	4K	2/3	CCD	200	4		
特殊用途用	医療用	1/2〜1/3	CCD	40	3	60〜64 dB	
	高速度	2/3	特殊 CCD*	8	3		

* 特殊 CCD は、各画素の光電変換部であるフォトダイオードに記録するメモリを直結した構造

4.2　放送方式

地上波アナログテレビ放送の方式には NTSC 方式、PAL 方式（主にヨーロッパ圏および旧英国植民地）、SECAM 方式（主にフランスおよび東欧圏）の 3 種類がある。高精細テレビ放送の方式にはハイビジョン（HDTV）方式がある。

4.2.1　NTSC 方式

NTSC 方式とは、地上波アナログカラーテレビ放送の方式を策定する米国の国家テレビ標準委員会（National Television Standards Committee）の名称で、1953 年に策定した方式をいう [3]。

水平方向の走査線数が 525 本（有効走査線本数は 480 本）で毎秒 30 フレーム（正式には 29.97 フレーム）のインターレース方式で、画面の縦横比（アスペクト比）は 4 : 3 である。

もともと白黒の規格をカラー化したもので、正確な色再現が難しく、受信障害などで色ずれが起きるといった欠点があった。放送方式としてはきわめてシンプルなので、映像技術の進展で性能のアップが急激になされていき、他方式と比べて遜色のない、さらには上回る画質を確保できるようになった。

4.2.2　PAL 方式

　PAL 方式は、NTSC 方式より遅れて 1967 年ドイツで開発され、その名 (Phase Alternation by Line) のとおり走査線ごとに色信号の位相を反転して、ある程度の位相エラーを自動的に補正することができる方式である[3]。

　水平方向の走査線数が 625 本で毎秒 25 フレームのインターレース方式で、アスペクト比は 4：3 である。

4.2.3　SECAM 方式

　SECAM 方式は、NTSC 方式より遅れて 1962 年フランスで開発された。フランス語で順次式カラーメモリの略称である。カラー信号情報を FM（周波数変調）して多重しているので、色に関する問題は原理的に発生しない。色情報を記憶しておくためにメモリを使用し、ソフトウェアで対応している[3]。

　水平方向の走査線数が 625 本で毎秒 25 フレームのインターレース方式で、アスペクト比は 4：3 である。編集が難しいという難点がある。細かな仕様の違いから約 20 種類の方式に分かれている。

4.2.4　高精細テレビ方式

　高精細テレビは一般的に HDTV（High Definition Television）と呼ばれ、NHK 放送技術研究所が開発した方式はハイビジョンの愛称で呼ばれている。東京オリンピック後に本格的な研究が始められ、1980 年代に入って周辺機器の開発が進み実用化への道筋がついた。HDTV のベースバンド映像信号帯域幅は 30 MHz であるが、最大の帯域幅を持つ衛星放送でも 27 MHz であった。そこで、帯域圧縮をしてアナログ放送を行ったのが MUSE 方式と呼ばれるものである。その後、圧縮方式の進展やデジタル化などで NTSC 方式

の 6 MHz 帯域幅でも放送が可能となった。それが地上デジタルテレビジョン放送である。

走査線本数 1125 本（有効 1035 本）で毎秒 30 フレームのインターレース方式で、アスペクト比は 16：9 である。水平方向画素数が 1920 画素、垂直方向画素数が 1080 画素であるが、**JEITA**（社団法人 電子情報技術産業協会）による定義では垂直画素数 650 以上をハイビジョンの条件としていることから、最近では 1920×1080 のディスプレイをフルハイビジョンと称している。

4.3 e ラーニング

e ラーニングとは、パソコンやコンピュータネットワークなどを利用して教育を行うことで、いつでも・どこでも・だれでも（通常は会員のみで不特定多数ということはない）教育を受けることが可能なシステムである。

4.3.1 ネットの種類

（a）インターネット（Internet）

全世界のネットワークを相互に接続した巨大なコンピュータネットワークである。米国が始めた分散型コンピュータネットワークが発展し、学術機関を結ぶネットワークが構築され、1990 年代中頃から商用利用されるようになった。ハイパーリンク機能を備えた **www** が登場して爆発的に利用されるようになった。

（b）イントラネット（Intranet）

インターネットの技術を利用した、組織内の情報通信網のことである。

（c）イーサネット（Ethernet）

IEEE 802.3 委員会によって標準化された LAN 規格の 1 つで、特殊な用途を除いて、ほとんどの LAN はイーサネットである。

4.3.2 衛星を使った配信

さまざまなコンテンツを配信するには、放送という手段がある。また、テープや CD、DVD といったものも使われる。近年になり放送と通信の融合が

進み、通信衛星（CS：Communication Satellite）やインターネットを使った配信が多くなってきた。通信衛星は大容量の情報を扱えるので、インターネットなどと補完し合いながら大きく伸びてきた。

通信衛星は商業ベースで、JSAT 社の JCSAT と宇宙通信社の SUPERBIRD がある。使用帯域は Ku 帯が主であるが C 帯や Ka 帯を利用できるトランスポンダを搭載した衛星もある。

Ku 帯（アップリンク 14 GHz/ダウンリンク 12 GHz）では帯域幅 54～27 MHz、C 帯（6/4 GHz）帯域幅 54～36 MHz、Ka 帯（30/20 GHz）帯域幅 200～100 MHz である。

通信衛星は CS 放送や社内広報、自治体のネットワークや教育研修などに使われている。e ラーニング的な運用としては JCSAT による「スカイパーフェク TV!」の放送大学や SUPERBIRD による「医療研修推進財団」の医療職種向けの遠隔講習会などがある。

4.3.3 パッケージの媒体

制作されたコンテンツをいつでも・どこでも利用可能にするには、そのコンテンツを媒体に記録する必要がある。古くはテープがある。テープは安価であるが収録時間が限られており、頭出しに時間を要することもあって、次第に使われなくなってきた。これに取って代わってきたのが CD（Compact Disc）である。記録する層が印刷面から 10 μm のため衝撃や直射日光・高温・多湿に弱い。映像情報を集録するには容量が不足（直径 12 cm で 700 MB）したため、主に音声用に使われている。B（バイト）は半角 1 文字分のデータ量のことで、1 Byte は 8 ビット。

さらに容量を大きくした DVD（Digital Versatile Disc）（直径 12 cm で 4.7 GB）が登場して映像情報を記録できるようになった。記録する層は印刷面から 0.6 mm で衝撃にも強くなった。2001 年末には DVD プレーヤの国内出荷台数は VTR を上回るほどに急速に普及していった。さらに大容量化ということでブルーレイ・ディスクと HD DVD が開発されたが、HD DVD 側が撤退し、ブルーレイ・ディスクに統一された。ブルーレイは片面で 25 GB である。

第4章　授業自動収録システム

　一方、決められた場所で多数の人がそれぞれの期待するコンテンツを視聴できるようにするには、サーバとイントラネットを使う方法がある。サーバには多入力・多出力のものもあり、出力しながら収録も可能である。この方式は移動媒体を作成する必要がなく、内容の変更も簡単に行える利点がある。
　サーバにはHDD、光ディスク、固体メモリを使ったものがある。
　HDDの面記録密度は年率40%以上の大容量化が進んでおり、大容量化による小型化・低廉化が進むと期待される。2014年2.5インチのHDD1台で8チャンネルのハイビジョン番組1週間分をすべて録画することも可能になると予想されている（図4.5）。また、光ディスクや固体メモリもHDDと同じように大容量化が進むと考えられる。このため、ある程度のキャパシティ（この例では学生）を対象とし、繰り返し利用される場合にはサーバ方式がきわめて有効になってくる。

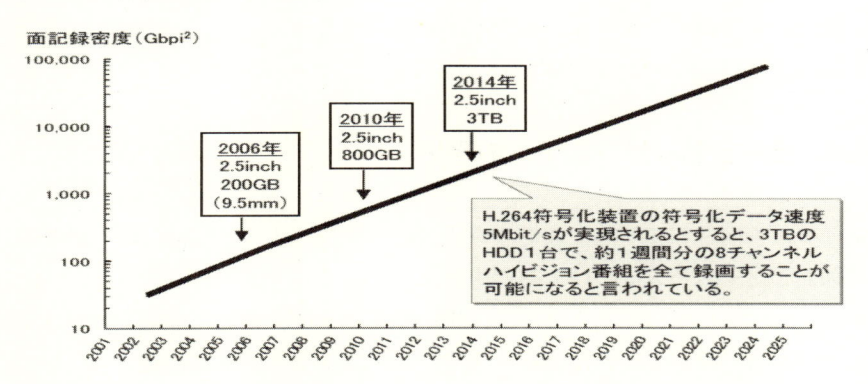

図4.5　HDDの面記録密度推移（出典：「次世代放送技術に関する研究会」報告書、2007.6.27より）

4.3.4　地上波放送

　地上波の放送は長い間アナログ方式で放送されてきたが、携帯電話などのほかICT（Information and Communication Technology、マスコミではITというふうにも使われている）を駆使した安全・安心の確保のための通信に利用するため、VHF帯からUHF帯へ移行するとともにデジタル化することが決められ[4]、2003年12月より東名阪の3大都市圏で地上デジタル放送が

開始された。2006年12月からは全国の県庁所在地で開始され2007年10月にはカバー率は90%となっている。2011年7月には58年間にわたったアナログ放送を終了する予定である。しかし、スムーズな移行を確実なものとしていくには、世の中にはアナログ対応のテレビ受像機が非常に多数存在しているという課題に適切に対処することが求められている。

eラーニングの1つともいえる「放送大学」は、関東地区では地上波で、全国的にはJCSATによる放送やケーブルテレビを使って放送している。放送授業は学部で約300科目、大学院で約60科目と幅広い。

学生数は、2007年度第1学期現在、学部で約80800人、大学院で約6300人となっている。卒業生は1999年から2007年度末で約46000人に及ぶ。また、学生以外にも一般の人も視聴することができるので、その画質などにも配慮されている。

放送局と同様のスタジオ、編集室、送出設備を備え、プロが運用し、品質を確保している。地上波は2006年12月にデジタル化された。

4.4 授業自動収録システムの事例

1つの事例として、池上通信機株式会社が学校法人 金子教育団 一橋学院に納入したシステムについて紹介する。

本システムの特徴は、人手をかけずに低コストで自動的に授業を収録するものである。収録された授業は一橋学院のイントラネットに接続され、個別学習室に備えられたパソコンで視聴できるようになっている。

4.4.1 システムの概要

監視用カメラを各場所に設置するのに合わせ、別の監視用カメラを教室に設置し授業を収録することを目指したもので、サーバで両方を一括して制御できるようにしてある。カメラは固定レンズなので黒板にフィックスしてある。

各教室の映像・音声をMPEG4にエンコードした後、パソコン用サーバに蓄積する。サーバと個別学習室との間はイントラネットでつながれ、専用の

パソコンで学籍番号、パスワードを入力して講義映像を再生することができる。

本システムは UPS（Uninterruptible Power Systems：無停電電源装置）を備えており、商用電源が止まっても授業を収録できるようにしてある。図 4.6 にその系統図を示す。

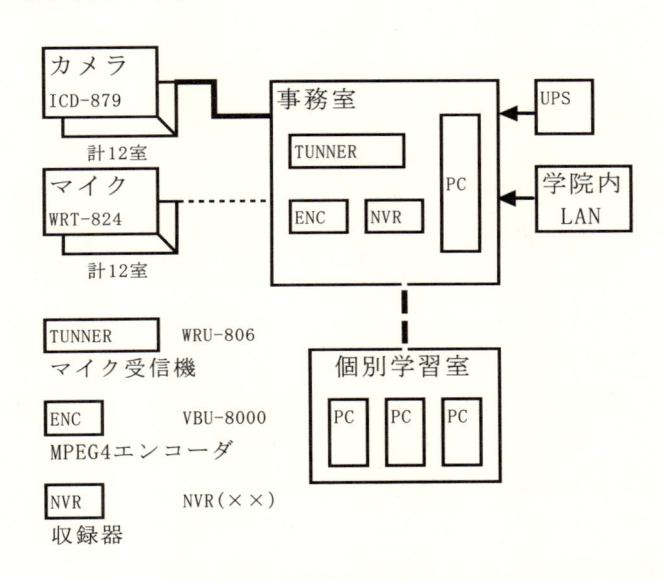

```
カメラ
ICD-879
計12室

マイク
WRT-824
計12室

事務室
TUNNER
ENC  NVR
PC

UPS
学院内 LAN

TUNNER  WRU-806
マイク受信機

ENC  VBU-8000
MPEG4エンコーダ

NVR  NVR(××)
収録器

個別学習室
PC PC PC
```

図 4.6 授業自動収録システム系統図

4.4.2 各機器

(1) カメラ

ICD-848AC は 38 万画素の 1/2 インチ CCD を 1 枚使用し、逆光補正やオートアイリス機能などを備えた高画質のカラー監視用カメラである。S/N は 52dB 以上で監視用カメラとしては上位にランクされる。天井からぶら下げられたカメラは黒板を撮像しているが、カメラのアスペクト比は 4：3 である。また、可能な限り天井から離し、黒板と正対するように設置されている。

このカメラはズームレンズの装着も可能であるが、低コストを追求し、固定レンズとしている。ズームレンズにすると管理室に操作をする人間が必要

になる。同時に複数の教室を収録するとなれば、さらに大変であり、コストの面から大きな制約を受ける。

(2) エンコーダ

カメラ映像をデジタル伝送するエンコーダユニットとデジタル伝送された信号をアナログ映像として出力するデコーダユニットからなる VBU-8000-RA10 を使用している。映像圧縮方式は MPEG-4（ISO 14496-2）を採用している。

(3) 映像記録配信サーバ

上記 VBU シリーズでストリーム変換されたデータをストリーム記録・配信する装置で、ネットワーク上のパソコンから、録画日時による検索再生が可能な NVR-8010 を採用している。同時記録のストリーム数は 1、4、8、16 と 4 段階に切り替えられる。HDD の容量は 1TB であり、ほぼ 1 ヶ月分の授業を収録することができる。

(4) ワイヤレスマイク

800 MHz 帯を使用したタイピンタイプのワイヤレスマイク WRT-824 を使用している。一般業務用なので周辺からの飛び込みもある。

以上の機器はラック 1 架に納められている。

4.4.3 実際の配置

12 の教室の大きさは 6 種類あり、それぞれにあった設置をしなければならない。黒板の幅はおおむね教室の幅であり、奥行きの短い教室（たとえば D 4800×W 7000 mm）で最後部にカメラを設置しても黒板全体を理解可能な大きさで撮影することはできない。上下に黒を出して（テレビではレターサイズという）全体を撮影することも可能であるが、書かれた文字が小さくなりすぎて e ラーニングとしては使えない。同じような理由で奥行きの大きい教室（8400 mm）でも最後部にカメラを設置すると文字が小さくなりすぎる。

4500 mm から 5500 mm の場所に設置し、上下を SD の画面に合わせて調整し両サイドを切っている（テレビでは両切りサイズという）。

全方位カメラ（4.5 節参照）あるいは HD カメラを利用すればこの点は解決できるが、低価格というわけにはいかなくなってしまう。教室は 4 階から

8階まであり、個別学習室は3階に、サーバは1階にある。各教室からの映像・音声はサーバに集められ、デジタル信号処理をした後蓄積される。蓄積された授業映像は個別学習室からのリクエストで読み出され、学院のイントラネットを経由して個別学習室の専用パソコンで視聴できる。

4.4.4 自動収録の仕方

管理パソコンにインストールされた3つのソフトウェアにより自動収録に対応する。1つは講義スケジュール設定アプリケーションで、録画対象講義の設定、再生履歴の閲覧、録画データのバックアップなどを行う。2つめは通信サービスで、生徒からの要求に応答するサービスである。Windows起動時に自動起動される。3つめは講義スケジュール登録サービスで、映像記録装置に当日分の録画スケジュールを登録するサービスである。これもWindows起動時に自動起動される。

（1）講義スケジュール設定アプリケーション

ログイン画面にあらかじめ登録済みのユーザー名（半角小文字）、パスワードを入力し、講義スケジュール画面を表示させる。

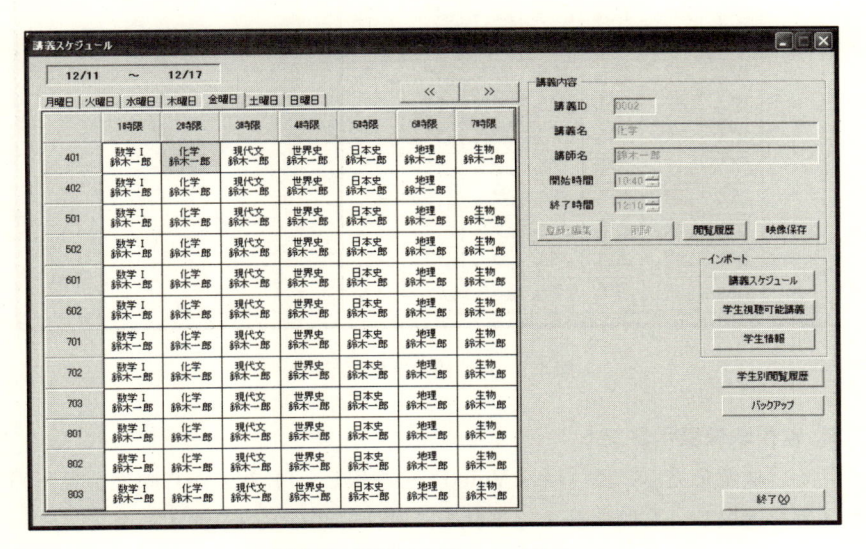

図4.7 講義スケジュール画面

講義スケジュール画面では「登録・編集」「削除」を使って変更することができる。

(2) 講義映像再生アプリケーション

ログイン画面に学籍番号、パスワード（半角カタカナの氏名）を入力すると再生講義選択画面になる。その画面で視聴する講義を選択し、「再生」をクリックすれば講義が再生される。

再生講義選択画面は、当該学生の受講しているもののみが表示され、他の講義は選択できないようにガードをかけている。

画面は講義スケジュール画面の右上の講義内容のうち、「講義名」と「講師名」のみが表示されるだけでそれ以外はほぼ同じである。ただし「再生」が付加されている。

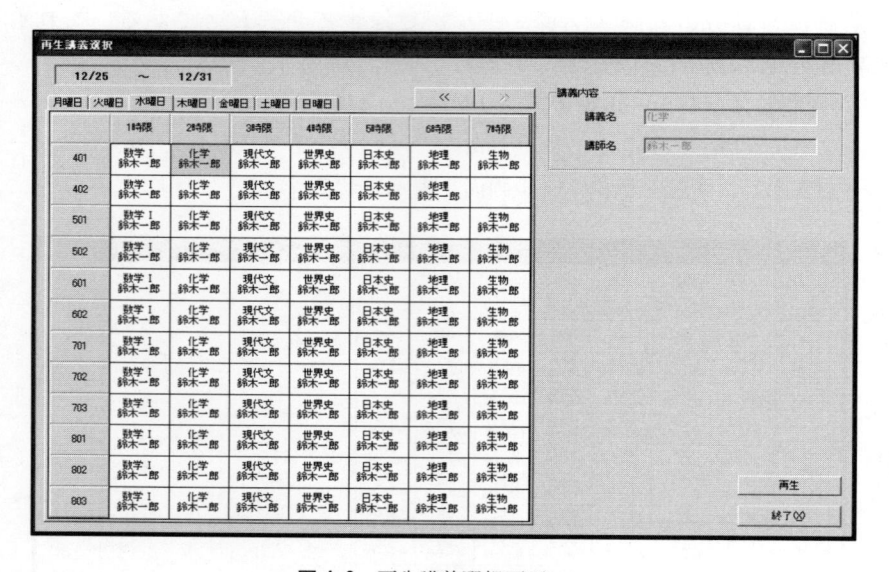

図 4.8　再生講義選択画面

(3) 監視映像表示ソフト

ライブ映像を見るには「Live Video」を選択し、「監視」から映像を見たいカメラを選択し、右側のウィンドウ上にドラッグ&ドロップする。

映像が表示されているウィンドウ上をダブルクリックすれば 1 画面表示が

第4章 授業自動収録システム

できる。1画面表示時にウィンドウ上をダブルクリックし、多画面にもどす。

再生は「Recorded Video」を選択し、「監視」から再生したいカメラを選択し、ウィンドウ上にドラッグ＆ドロップする。後はライブ映像を見るときと同様である。

再生ボタンを押すと再生が開始するが、無録画時間帯に再生位置がある場合は、再生が行えないので、青い帯（録画時間帯）上をクリックして再生位置を移動させる必要がある。

図 4.9　監視映像の表示

図 4.10 に示すメニューのアイコンをクリックすれば多画面のレイアウトが選択できる。

再生画像を図 4.11 に示す。

管理室のパソコン画面で収録状況は図 4.12 のように表示される。

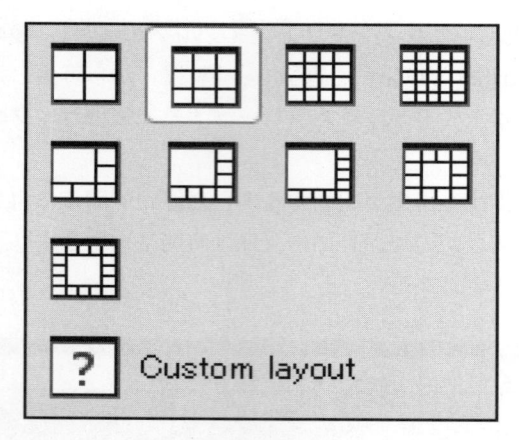

図 4.10 アイコンメニュー

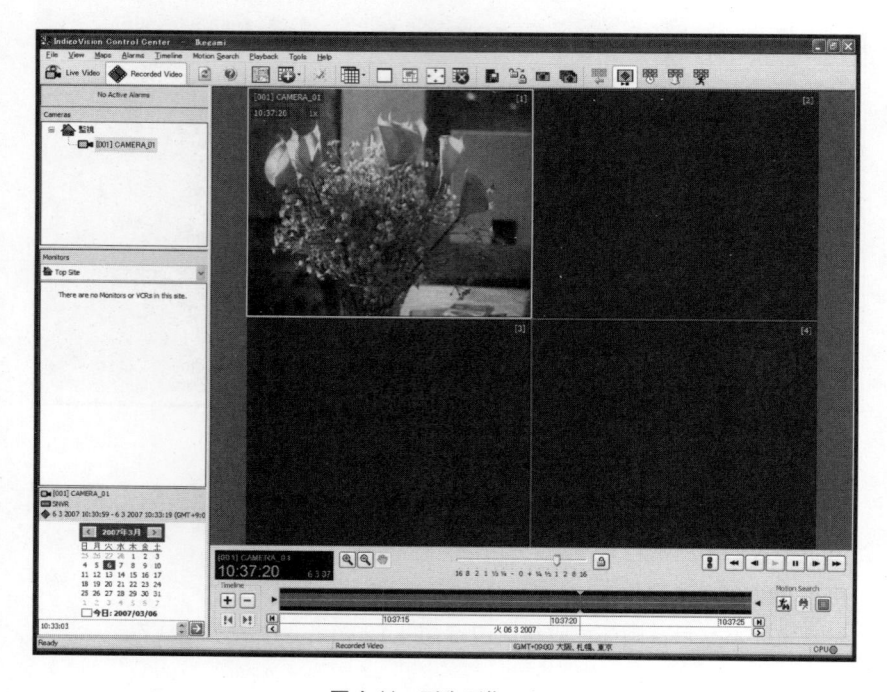

図 4.11 再生画像

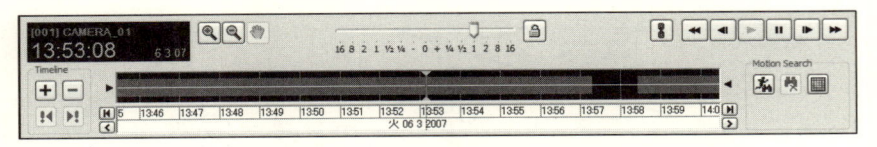

図 4.12　日付、時間を選択し、時間検索を行う。

4.5　eラーニング用カメラ―全方位カメラシステム―

　現在、eラーニングの授業を行う上で大きな欠点がある。ライブ授業では当たり前ではあるが、黒板に書かれた文字や図形、すべてを見ることができる。しかしながら、eラーニングの授業では、黒板の一部しか表示できない。これは受講者の理解度を低下させる一因となりかねない。
　このカメラシステムの欠点を解決するための新たなカメラシステムを紹介する。
　4.1 節でカメラについて説明したが、現在一般的に販売されているカメラは 4：3 または 16：9 のアスペクト比のカメラが大半である。しかしながら、教室に常設している黒板は横長のものが多く、一般的なカメラを固定して撮影すると、文字や図形が小さく判読が大変難しい。
　理想的なカメラシステムは複数の受講者が、個々に見たい黒板の部分にカメラを移動し拡大できることである。現在のカメラシステムで解決するためには、受講者数と同じカメラの台数が必要であり、配信する回線も莫大なものとなる。
　これを解決するために、高解像度のカメラを使い、多くの情報（映像）をそのまま各受講者に配信し、配信された映像を受講者側で加工すればよい。次に、具体的な撮影の流れを説明する。
　まず、魚眼レンズを取り付けた高解像度カメラで映像を取り込み、その映像をネットワークを介して受講者に配信する。受講者側ですべての情報を受け取り、必要に応じて映像を切り取り、希望する板書部分を拡大して見るのである。映像の流れを図 4.13 に示す。

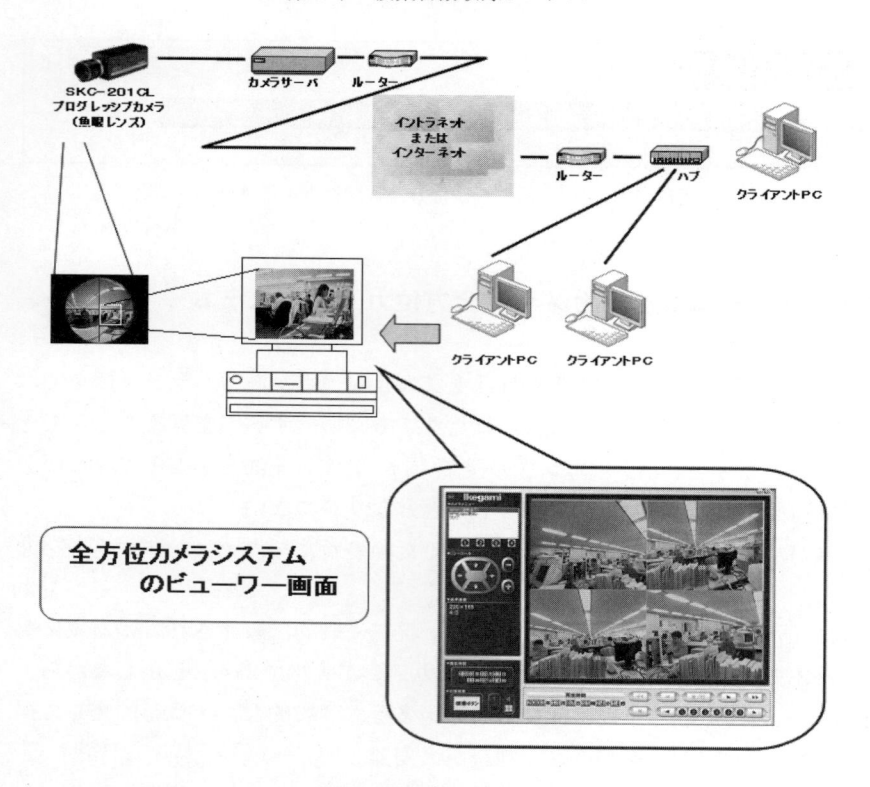

図 4.13 映像の流れ

　魚眼カメラの半円画像を平面画像に補正するのは、受講者側 PC にインストールされた専用のソフトで行う。図 4.14 に概念図を示す。
　魚眼レンズで撮影した映像の平面化処理は受講者側で行うため、カメラが 1 台であるにも関わらず、複数人の受講者がカメラの制御権を奪い合うことなく、確認したい黒板の部分を自由にコントロール（パン・チルト・ズーム）することができる。図 4.15 に概念図を示す。
　また、魚眼レンズで捕らえた広角映像は、1 つのビュワーソフトでスプリット表示が可能なため、通常のカメラが 3 台必要な場合でも 1 台ですむということになる。
　この技術を使うことにより現在のカメラシステムの欠点を解決でき、さら

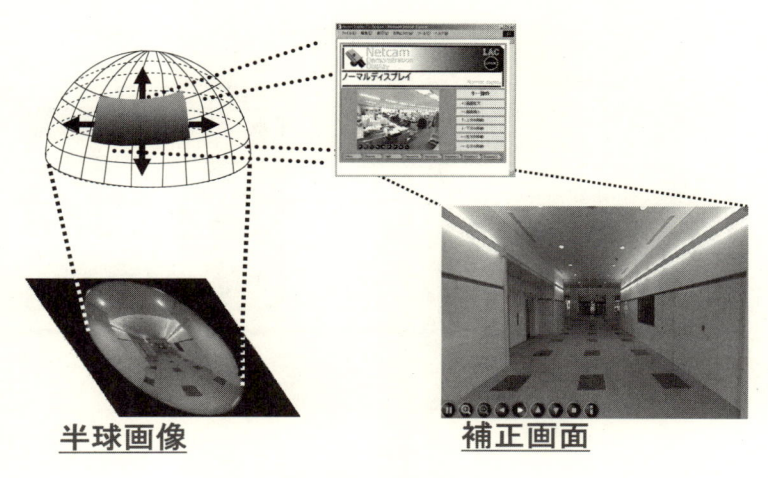

第4章 授業自動収録システム　　97

半球画像　　**補正画面**

図 4.14　修正の概念図

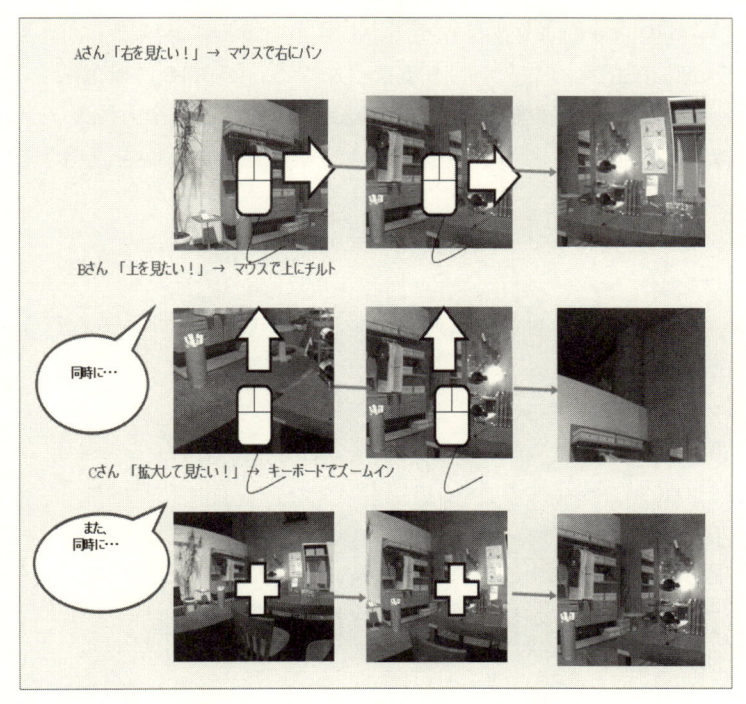

図 4.15　パン・チルト・ズームの概念図

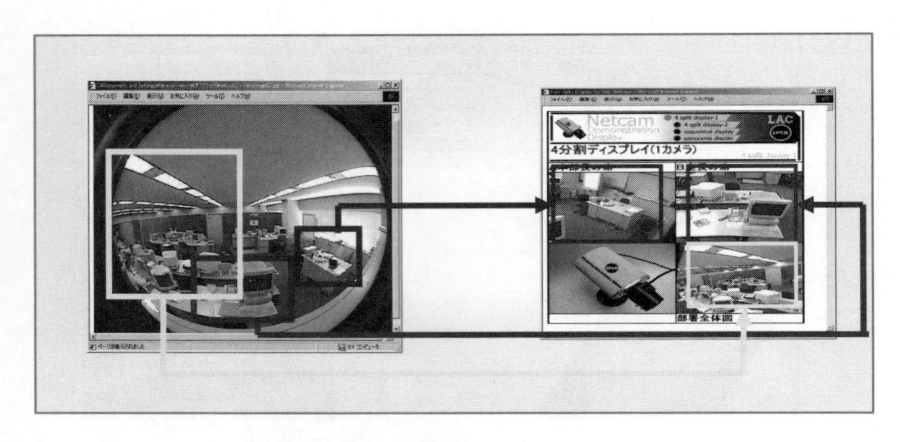

図 4.16 映像配信の概念図

に安価で e ラーニングのカメラシステムが構築できる。

今後 Web の回線がより太くなることにより、さらに高精細で、動きがスムーズな映像を配信することができるようになる。図 4.16 に概念図を示す。

次に、実際に池上通信機株式会社で製品化している、全方位カメラのビューワー画面（図 4.17）を取り上げ、どのような機能があるかを説明する。

① カメラメニュー

　カメラの一覧および録画映像の一覧が表示される。

② コントロール

　アクティブな表示エリアに対して、パン・チルト・ズームを行う。

③ 基準画像

　アクティブな表示エリアの全体の映像を表示する。

④ 現在時刻

　現在の時刻を表示する。

⑤ 日時検索ボタン

　このボタンを押下すると、検索日時（⑥）が表示される。また、アクティブな表示エリアが録画中の場合は押下不可となる。

⑥ 検索日時

　カメラメニュー（①）で選択されたカメラの録画映像の再生開始時間を

第 4 章　授業自動収録システム

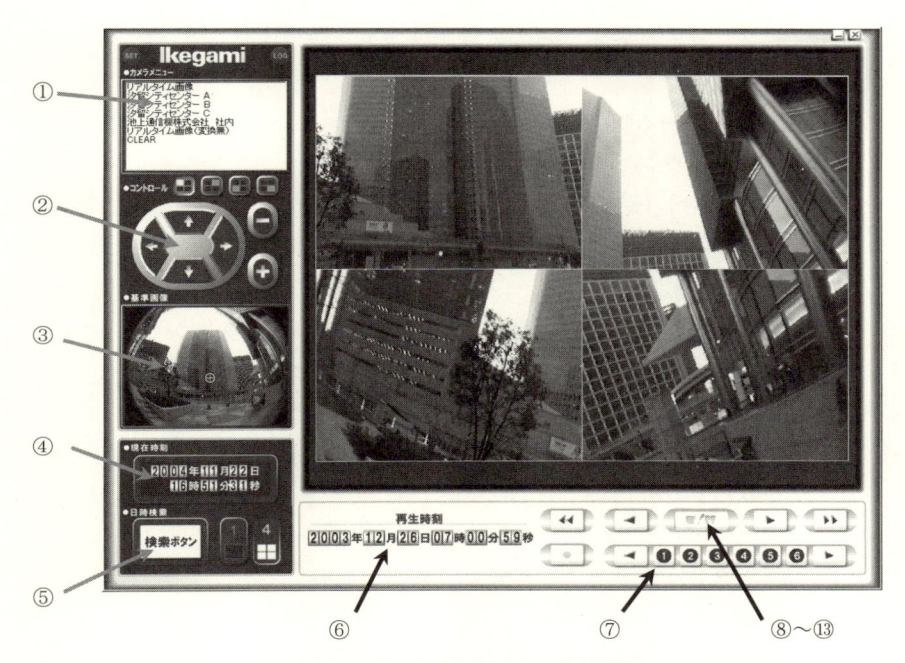

図 4.17　全方位カメラの操作概略

設定する。再生中は、上下ボタンが非表示となり、再生中の録画映像の時間が表示される。

⑦　プリセット

アクティブな表示エリアに事前に設定された表示位置（パン・チルト・ズーム値）を表示する。カメラごとに最大 20 個まで設定可能。

⑧　録画ボタン

アクティブな表示エリアの映像を録画する。

⑨　再生ボタン

カメラメニュー（①）で選択されているカメラの録画映像の中から、検索日時（⑥）で指定された日時の映像を再生する。

⑩　停止ボタン

録画または再生を停止する。

録画情報をカメラメニュー（①）に登録したい場合は、停止ボタン押下

後に、メニューに表示する際の録画映像名を設定する。
⑪　逆再生ボタン

現在表示している映像から逆再生を行う。

⑫　巻き戻しボタン

[再生中の場合]（逆再生の場合）

巻き戻しボタンをクリック：x 分前の映像から再生する。x 分はクライアントごとに設定可能。

巻き戻しボタンを 1 秒以上押下：保存している最初の映像から再生する。

[停止中の場合]

巻き戻しボタンをクリック：x 分前の映像を表示する。

巻き戻しボタンを 1 秒以上押下：保存している最初の映像を表示する。

⑬　早送りボタン

[再生中の場合]（逆再生の場合）

早送りボタンをクリック：x 分後の映像から再生する。

早送りボタンを 1 秒以上押下：保存している最後の映像を表示する。

[停止中の場合]

早送りボタンをクリック：x 分後の映像を表示する。

早送りボタンを 1 秒以上押下：保存している最後の映像を表示する。

　このカメラの技術は e ラーニングだけではなく、多くの分野に利用が可能である。

　応用例をいくつか説明する。

(1) **産業用計測解析システム**

　近距離を一度に超広視野で捉える魚眼レンズの特長を活かし、管内、路面、機械の裏側など人間が入ることが難しいところの監視、計測に応用できる。

　魚眼レンズ付きカメラで撮らえた映像は、パソコンで利用できるいろいろなストレージメディアに記録され、その記録映像を利用してオフラインで計測解析することも可能である。パソコンと接続してあらかじめプログラムされた計測解析システムと組み合わせることにより、たとえば管内のひび割れ、破損部のサイズ、付着物の大きさなどを計測することができる。

(2) **ビデオ・テレコミュニケーション・システム**

テレビ会議システムではこれまで映像情報送信設備としてパン・チルト・ズーム機能を持ったビデオカメラが使用されており、受信側でそれらをコントロールできるようになっている。

ところが、カメラ全体の大きさの制限からその操作速度（応答速度）は遅く、人間の眼が瞬時に好む方向を向くことができることに比べ違和感は避けられない。

魚眼レンズを使った映像システムは、電子的にパン・チルト・ズーム操作を行うため瞬間的に対応できる長所を有しており、人間の眼のように瞬時に追うことが可能である。

（3）インタラクティブ・テレビ

インタラクティブ・テレビは片方向で一面的に大量の情報を流す従来のテレビ放送と異なり、視聴者が放送局との間で情報を双方向にやり取りするシステムとして注目を浴びている。

この新しい映像システムを利用すれば、インタラクティブの面でユニークなシステムを提供できる。

たとえば、サッカーや野球などの放送において、視聴者の好みに応じた画面を任意に観ることができる。1人の選手だけを追いかけるとか、常にボールの行方を追うなど受信側が自由に選択することができる。

視聴者自身、現場のカメラマンとして参画できるシステムともいえる。

現在、テレビに代表されるマスメディアは一方向に大量の情報を送るだけで、視聴者（受信側）の個別のニーズに対応していない。一方、最近著しく普及しているインターネットでは、受信側の個別のニーズに対応した情報の選択が基本になっている。

4.6 導入後の成果と課題

一橋学院では、校舎の建て替えが決まり、新校舎の建築となった。これに際して、新しい学生サービスの一環として、「授業自動収録システム」を導入しようということになった。そのシステムの内容については、すでに触れられているので、ここでは、詳細を省くとして、導入後の成果と課題について

触れていきたい。

4.6.1　導入時の課題

　予備校部では、すでに数年前からeラーニング形式による授業の復習、欠席した場合の補完として「授業自動収録システム」を検討していた。予備校であるため、遠隔教育に重点をおくのではなく、あくまでもオンデマンド形式によるシステムを目指していた。
　ただ、検討していくにつれて、下記の課題が問題となった。
① 授業の収録後のコンテンツ制作（編集など）をどうするか？
② 授業収録のスタッフをどうするか？
③ 学生が申し込みしていない講座の授業を見ることができないようにする制御の方法をどうするか？
④ 全教室の授業収録を自動化できるかどうか？（授業収録スタッフが必要なくなる）
⑤ 授業収録したコンテンツをどのような方法で保存し、閲覧をどのようにするか？

などであった。
　これらは、すべてランニングコスト（経費）に関わる項目であり、それほどランニングコストとスタッフをかけられない状況では、解決されなければならない問題でもあった。
　特に、授業収録に際して、各教室に収録のためにスタッフを割くことは、避けなければならなかった。また、収録後に時間を割いて、編集などを行うことは、学生が閲覧するためのタイミングを逸することになる。
　したがって、リアルタイムに近い形で、閲覧できるシステムが必要であったのである。すべて自動収録し、それをそのまま学生が視聴できるようになれば、スタッフの手を借りずにコンテンツ制作が可能となる。
　つまり、収録は自動設定（タイマー設定）とし、時間割に応じて自動的に収録が開始され、カメラ操作を行うことなく、収録を終了するのが理想とされた。授業の生撮りのため、黒板に書かれた文字がどのくらい鮮明に見えるかが重要となる。これは、カメラの解像度に左右されるが、ハイビジョンレ

図 4.18 収録時の画面

ベルの解像度であれば問題ない。しかし、ハイビジョンカメラを使用すれば、高コストになることは避けられない。また、講義なので講師の声をクリアに収録する必要がある。

こうした、条件をクリアするために数社のシステムが候補にあがった。最終的には導入時の費用が安価であることと、前述の問題点をクリアできることから池上通信機株式会社のシステムを導入することにした。

次に、これらの課題をどのようにして解決していったかについて述べてみたい。

4.6.2 課題の克服
(1) 自動収録システム

一橋学院では、在校生の氏名、学籍番号などの情報を登録した「学生マスタ」がある。また、時間割もデータ化している。

まず、この時間割から各教室のタイムテーブルを作成し、自動的に授業が録画されるように登録する。これにより、担当者が教室にいってスイッチオ

ンにする必要もなくなる。すなわち、収録するための人手は全く必要ないのである。ただ、授業は時間どおりに終わることはないので、終了時間より10分ほど長く録画している。

　カメラは、ズームや講師を追って撮影しないようにしている。当初はカメラをズームアップして、黒板の字を大きく写そうという意見や講師を追ってカメラをパーンするなどの意見があったが、ズームを使うと教室の全体像がつかめないことや講師を追って撮影すると画面がちらつくなどのことからカメラは固定にすることに決定した。

　ただし、黒板をすべて写そうとすると、かなり小さな画面になってしまう。そのため、黒板は8割が入るように固定した。つまり、黒板の字はすべては収まらないのである。

　こうして、授業収録の全自動化ができることになった。これにより、講師や職員が収録のために手を煩わせることはなくなった。また、予備校であるので、各クラスごとに時間割があり、さらに現役高校生は講座ごとに申し込みをしているので、他クラスの授業や申し込みをしていない講座を受講できないよう制御する必要がある。幸い「学生マスタ」には、学籍番号や氏名、申し込み講座などの基本情報が登録されている。一方で、全クラス、現役高校生の講座などは、「時間割」としてデータ化されている。この「学生マスタ」と「時間割」とをマッチングすれば、各個人の録画授業の時間割が完成する。これは、予備校でのシステムだが、大学でも「学生マスタ」と「履修届」をマッチングすれば、容易にeラーニング用の時間割ができるだろう。

① 時間割から授業収録タイムテーブル（教室、曜日、録画開始時間、録

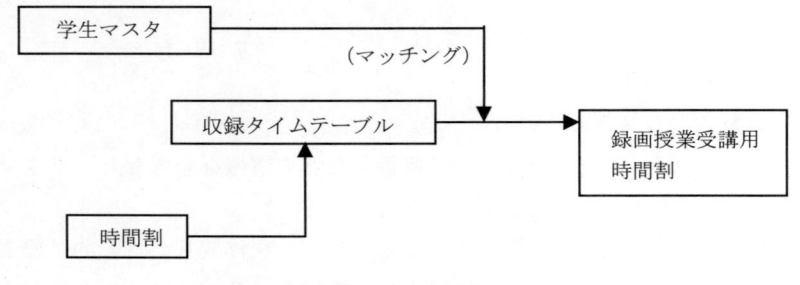

図4.19　マッチング

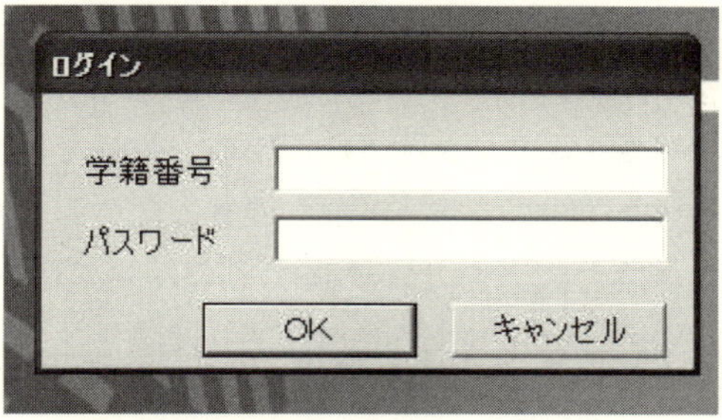

第4章 授業自動収録システム

図 4.20 視聴開始時の入力画面

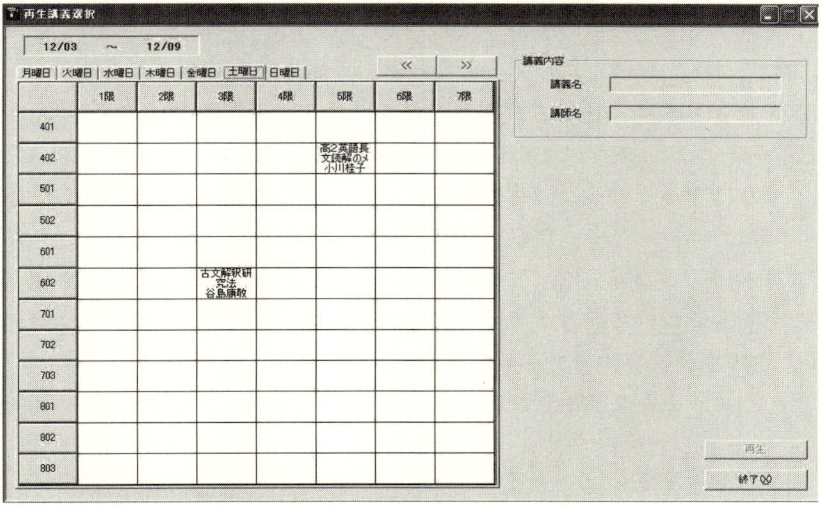

図 4.21 録画授業を視聴できる時間割を表示

画収録時間など）の作成。
② 収録タイムテーブル完成後、学生マスタとマッチングする。
③ 録画授業受講用時間割の完成。（個人ごと）
(2) コンテンツ制作の省力化
　各教室の授業収録は自動化され、録画された授業はサーバに保存される。保存後、収録された録画に編集を加えるなどして、コンテンツを制作するのが通常である。しかし、カメラは固定で講義の生撮りのため、何も手を加え

ることなく、学生には収録したままの状態を視聴してもらうことになる。

したがって、コンテンツ制作に時間を割くことなく、かつ制作にスタッフを割くこともないため、リアルタイムに近い形で視聴できるのである。こうして、コンテンツ制作に関しては、かなりの省力化が達成されたといえる。

eラーニングを導入して最もネックになるのがコンテンツ制作である。LMS（Learning Management System、学習管理システム）やコンテンツ制作を外部に依頼したとしても、莫大な費用が必要となる。

しかし、今回の一橋学院のシステムは、eラーニングにおけるコンテンツ制作では、スタッフの負担はほとんどなく、しかもほぼリアルタイムに近い形で完成する。そのため、制作に関しては省力化が図られ、コンテンツ制作に関わるコストがほとんど発生しないという結果をもたらした。

映像はMPEG4に圧縮され保存されている。保存先はWindowsサーバである。ハードディスクは1TB（1000GB）あり、約1ヶ月分の授業が蓄えられるようになっている。当然ハードディスクは無尽蔵にデータを保存できるわけではない。そこで、1ヶ月がすぎると1ヶ月前に収録したものから順次消去されていくのである。データを残したい場合は、外付けのハードディスクなどを取り付けて保存することになる。また、DVDに焼くことも可能なので、DVDに保存する方法もある。

このシステムを図式化したものが、図4.22である。100MBの構内LAN

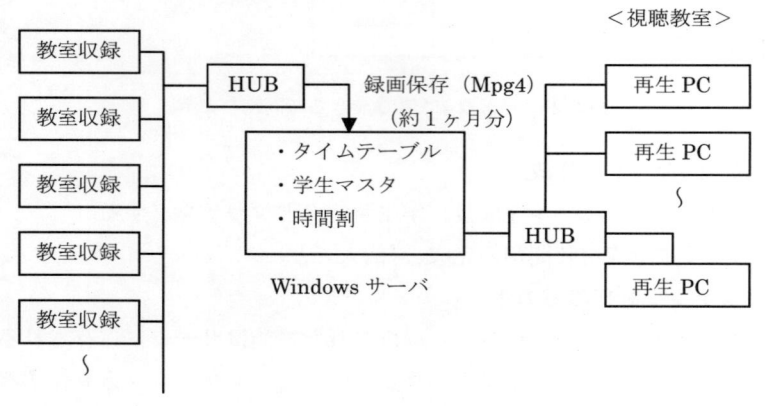

図4.22 リアルタイムでも再生可能

でつながれており、イントラネットを利用した保存と再生ができる。また、Windows サーバにしたのは、スタッフが UNIX や Linux などより操作性に慣れているためである。

　もちろん、無停電電源装置（UPS）も備えられおり、導入されてから 8 ヶ月がすぎたが、今のところ大きなトラブルは生じていない。また、視聴教室では、授業をリアルタイムで受講できるが、現在のところこれは利用されていない。将来的にも利用する予定はない。オンデマンドによる視聴のみである。

4.6.3　授業録画システムの使用

　この授業録画システムは、2007 年 4 月から稼動した。ただし、全面的な稼動ではなく、現役高校生を対象にした講座のみと限られている。また、視聴できるのは高校の中間テストや期末テスト、さらには、部活や病気などで授業を欠席した生徒（学生）と制限されている。

　そうした制限つきではあるが、今のところ大きなトラブルもなく、順調に稼動しているといってよいだろう。

　さて、録画授業の受講の仕方であるが、予約制となっている。これは、録画再生パソコンの台数が少なく、受講生の重複を避けるためである。図 4.24 が、録画授業の予約表のサンプルである。再生パソコンがもう少し増えれば、予約制にする必要はなくなるかも知れない。

図 4.23　受講している様子

第4章 授業自動収録システム

月日	曜日	13:00	13:30	14:00	14:30	15:00	15:30	16:00	16:30	17:00	17:30	18:00	18:30	19:00	19:30	20:00	20:30
6月1日	金			83*** ○○(入試理系数学Ⅲ-C)					83*** ○○					82*** ○○ ハイレベル数学ⅡB			
								82*** ○○									
6月2日	土				83*** ○○					83*** ○○(読解α)							
							82*** ○○			82*** ○○(英語読解α)							
6月4日	月								82*** ○○								
												83*** ○○(英文法語法α)					
6月5日	火													82*** ○○			
												82*** ○○			62*** ○○		
6月6日	水							83*** ○○(東大・一橋英語)									
6月7日	木																
6月8日	金									82*** ○○							
6月9日	土																

図 4.24 予約表のサンプル

　ただ、現在は、現役高校生の講座のみが録画対象となっており、しかも欠席した授業しか受講できないため、受講者はかなり制限されている。しかし、授業の録画対象が高卒生（浪人生）までに拡大すると、録画再生パソコンの絶対数が不足し、予約制に関してもスタッフの負担もかなりのものになると予想される。これに関しては、今後の課題でもある。

　では、実際に受講した生徒（学生）の反応はどうだったのであろうか？

- 魚眼レンズとか使いませんか。黒板がちぎれます。
- 授業録画が終わってすぐ切れてしまって延長分が録画できていなかったのをできるようにして欲しい。夏期講習もとっていただけたらうれしいです。
- 黒板の端が見えなかったりしたのと、字が見えなかったりしたので、そこを直して欲しいです。
- 音が入っておらず、せっかくの録画授業が台無しになってしまったので、これから注意して欲しいです。
- 途中から聞けなくなってしまったので残念だった。
- 黒板に書かれた文字が読みにくいときがあります。
- 黒板がハッキリと見えるようにして欲しい。
- 黒板のはじに書かれているのが見えない。授業が最後まで録画されていなかった。
- 音量の調節の仕方がわからないので、録画授業を見る際に教えて欲しいです。
- 音声が割れたり、うまく入っていない場合がある。
- 解像度を上げて欲しい。
- 黒板の字が見にくい。録画を見るとき、途中で切れちゃったりするので、時間内に納めて欲しいです。

第4章 授業自動収録システム

- チャイムが鳴ってから2分ぐらい延長して撮っていてもらいたいです。
- 黒板が見えないので見えるようにして欲しい。
- 本来の授業が終わる時間になると録画が切れてしまい、延長した部分の授業が見られなくなってしまうので困ります。
- 声が出ないときがあった。
- 授業を全部録画して欲しい、というか、途中で切れるのはあり得ないと思う。画質をよくして欲しい。
- 黒板が見えない。
- チャイムがなった後の授業が聞けなかったので聞けるようにして欲しいです。板書で見にくいところがあったのではっきりと見られるようにして欲しいです。
- 黒板の文字が見えにくく、「ズームできればいいのに」と思った。

　このアンケートに見られるように、「黒板の字」をもっと鮮明にして欲しいという意見が最も多い。現状のカメラは640×480ピクセルをベースにしているので、難しい課題でもある。しかも、黒板の8割を収める位置にカメラを設定しているので、自ずと黒板の字は小さく収録されてしまう。また、解像度も640×480ピクセルなので、パソコンの録画画面を拡大しても、映像はボケてしまうのである。このレベルの解像度であれば、むしろテレビで視聴したほうがよいかも知れない。これを解決するには、1920×1080ピクセルの解像度で録画できるカメラが必要となる。あるいは魚眼レンズのカメラで、必要な部分だけを拡大できる機能を持ったシステムがあると解決できるだろう。しかし、導入費用が現状のシステムよりコストアップになることは避けられない。

　次に、授業録画が授業の途中で終了してしまうといった意見も多いが、このアンケートの後に授業終了後、10分延長して録画することに軌道修正したので、この問題は解決した。また、音声が聞こえないという意見もあるが、教室ではワイヤレスマイクを使い、このマイクから音声を拾っている。しかし、時々講師がマイクのスイッチを入れ忘れることがあり、そのため音声が収録されなかったことが原因である。このシステムを導入して最初の年であり、周知徹底がなされなかったのは致し方ないのかも知れない。慣れるとこの問題は解決できるだろう。

ところで、アンケートに見られるような問題点を抱えながら、利用者は増えたのか、あるいは減少したかが、気になるところである。2007年11月に「授業アンケート」をとったところ、「録画授業」については、下記のとおりの結果が出た。

よく活用している＋たまに活用する　→ 52.1％（192件）。　　前期 38.3％

前期に比べると後期のほうが利用者が増えているのである。徐々にではあるが、「授業自動収録システム」が学生（生徒）に浸透していることが窺える。ただ、この「授業自動収録システム」を利用して、果たして学習効果はあったのかどうかについても調べたいところだが、現状ではこれに関する調査結果がないので、何ともいえない。

4.6.4　今後の課題

最大の課題は、黒板の字が見づらいという点である。これを解決するには、カメラの解像度を上げるしかない。しかし、高解像度カメラだとコスト高は避けられない。さらに、学校では数多く設置する必要があり、費用の面から現実的ではない。家庭用のビデオカメラでも安価なハイビジョンカメラが多く出されているが、民生機なので、耐久性に問題が出てくる。家庭用のハイビジョンカメラで黒板の字を撮影してみたが、このクラスの解像度だと黒板の字は、十分に鮮明である。やはり、1920×1080 ピクセルに匹敵する安価な高解像度カメラの開発が待たれる。

一方、受講者が見たい黒板の字をクリックするとその周辺が拡大され、字が見づらいという問題の解消は、現在はデジタル撮影なので、ソフトの開発で可能ではないかと思われる。こうしたソフト開発が待たれるのである。

現在の予備校では、現役高校生だけの講座を収録し、高卒生（浪人生）の授業は収録していない。さらに、視聴できるのは、現役高校生でも授業に欠席した者のみと制限されている。そのため、サーバに保存するデータは当初の予定よりもかなり少なく、現状では、ハードディスクに余裕が出てきている。また、授業録画を再生するパソコンも多少の不足ですんでいる。

しかし、現在の制限を撤廃すると3倍以上のハードディスクの容量が必要となる。再生パソコンも不足してくるに違いない。

まず、容量の問題であるが、現在のMPEG4形式の圧縮ではなく、もっと圧縮効率の高い形式の方法が求められる。しかし、あまりにも圧縮率を高めたり、転送レートを低くしたりすると、画像が粗くなり、黒板の字などが見づらくなるなどの弊害が出てくる。圧縮率と画質は二律背反するものであり、どちらかを優先するしか今のところ方法はない。

画質を鮮明にするには、「.H264」での圧縮方法がある。ただし、ビデオカメラも高解像度のものが必要になってくるが、黒板の字を鮮明に見えるようにするには、この方法が最も近道かもしれない。

今後は、インターネットなどを通じて、家庭や高校などの別の場所でも受講できるようにしたい。これが可能となれば、学生（生徒）サービスもかなり向上する。また、パソコンがなくても受講できるようにするため、iPod touchを使って受講できないかどうかも検討する価値がある。iPod touchだと無線LANの設備さえあれば、インターネットにつながるので、コンテンツの制御と学習管理システムをiPod用に開発すればよいことになる。これが実現できれば、ユビキタスeラーニングの到来となるだろう。

インターネットを使えない環境の人のためには、DVDにプレスして貸し出す方法もある。授業はMPEG4で圧縮されて保存されているので、

図4.25　授業をiPod touchで見たときの映像

QuickTime で再生ができる。この QuickTime は無料でダウンロードできる。
　現状での課題とその打開策について触れてみたが、ここで課題をまとめてみたい。
　①　黒板の字を鮮明にする。
　②　講師以外の音を録音しない。
　③　圧縮率を高める。しかし、画質は低下させない。
　④　インターネットを使った視聴を可能にする。（回線の帯域保証）
　⑤　サーバの容量の強化と回線の確保。
　⑥　「いつでも、どこでも」受講可能とする。（iPod touch などの利用）
　⑦　DVD による貸出。（プロテクトの問題）
以上の解決が今後の課題となるだろう。

参考資料

1)『デジタルシネマシステム仕様 V.1.0 DCI』、2005.7
　『デジタルシネマ』、デジタルシネマ研究会編、米田出版、2005.3
2)　超高速度高感度カラーカメラ、『NHK 技研 R&D』、2004.5
3)　国際電気通信連合（ITU）Recommendation ITU-RBT. 470-6.
　　　　　　　　　　　　Conventional Television System、1998
4)『情報通信審議会答申、「電波政策ビジョン」の提言』、2003.7

第5章

営業の現場から

　学校でeラーニングを導入するということになると、いくつかの業者から情報を収集し、機能や見積もりを比べて決定に至る。業者が決まれば納品だけにとどまらず、メンテナンスや普段の運用まで教職員と業者の付き合いが続くことになる。その間の信頼関係はシステムがスムーズに動くかどうかを左右するほど重要である。

　ここでは、筆者（高橋）が大きな期待感と緊張感を持ちながら、eラーニングの導入から運用までを見てきたビジネス人生の中で得たものを簡単にまとめてみる。参考にしていただければ幸いである。

5.1　成功する大学の体制

　ある学校がeラーニングシステムを導入したいという話は、関心を持つ教員個人、担当部署、管理職や経営者などさまざまなルートから入ってくる。いずれにしても何度かの提案を経て構成が決まり、導入に向けて詰めていくが、最初はなるべく多くの関係者に参加してもらうことが大切である。

　ポイントの1つは、学内のトップあるいは決定権を持つ立場の人に入ってもらうこと。学内でのPR上からも、スムーズな運営や資金調達面からも重要で、営業側も自ずと熱が入り、緊張と期待が交錯することになる。実用的でありながらも将来の仕事にもつなげようというサービス精神から、少しでも先進性を加えようとも考えるだろう。

打合せが2回、3回と重なってくると学校側の参加人数は少なくなるのが常である。熱意のある人が残る例が多く、成功への道のりが見えてくる。「教員個人が自分が使いたいからとか、自分は苦手だという視点ではなく、授業を受ける側の学生の立場に立って考えませんか」というような発言も出てくる。使える先生とそうでない先生が出てくることはまずいのではないか、たまたま、使えない先生にあたった学生はかわいそうだ、ということで、学生全体にメリットを提供できるシステムへという方向性が打ち出されるわけである。

　そういう話を聞いて、学問とは平等でなければならないことを再確認することもしばしばである。使おうとしたら故障したり、操作があまりにも難しくて先生が授業に集中できないようなシステムは決してつくってはならないと決意を固めるときでもある。このような議論を積み重ね、内容を関係者でよく吟味し、実践活用に持っていくというしっかりした手順が必要なのである。

　大学にはよく、システムにもコンテンツにもめっぽう強い先生がいる。しかし、その先生からきた話は、魅力的であるが何回企画を提案しても進展しなかったり、強引に構築したものの利用されず、成功とはお世辞にも言えないことがある。要するに組織内の人間関係が大きく左右するのである。営業マンは組織内の人間関係を理解して動かないとかえって評価を低くしたりすることになる。

　その先生が情報教育の担当部署のメンバーとチームを組んだり、管理職を紹介するくらいだと話は一気に進む。逆に、窓口になった先生から得た組織情報を基に、営業マンが勝手に担当部署や管理職にアプローチすると致命的なしっぺ返しを食うことになる。大学教員という特殊な職種のプライドは虎の尾と同じであり、優秀な営業マンなら決して踏んではならない。

　一方、トップダウンだと判断は早い。しかし、学内の意見が反映されず、導入後に問題が噴出するケースが多いことも事実である。経営者は最新の教育機器を用いて授業を支援することを望んでいる。また、他大学がやっていることは気になるものである。1人でも多く学生が欲しいし、学生の学力アップを社会に示したい。そこで、業者としてはその要望に全面的に応えたい

のだが、稼働段階で大きな壁にぶつかり、責任が問われる騒動に巻き込まれると、お互い大きな傷を負うことになる。それは社会にとってもマイナスであろう。

5.2 正しい業者の見分け方

大学にとって業者をどのように見分けたらいいのだろうか。

入れ替わり立ち替わりのプレゼンにどの業者にするか、大いに迷うことが多いと思われるが、企業規模が大きいほうが信頼できると考えるのは早計である。企業規模ではなく対象となる部署の規模をチェックし、そこの動きを見るべきである。大切なことはそのシステムづくりに責任と熱意のある人が何人いるかということである。

たとえば、大企業幹部が、金額的にも大きいし毎年の実績もある大学だから落とせないということで直接指示を出し、多くのメンバーが召集されることがある。最初は有能な社員がたくさん関係して進行するので大学側は安心と期待を持つが、そのうちに他の案件が入り、一人二人とメンバーからはずれるというケースを見たことがある。大学としてこの人にだけは外れて欲しくないと思っているのに、企業幹部からの再度の"天の声"で、一番頼りにしている社員が他の案件のグループに変更になる。本当に頼りになる社員は規模が大きくてもそんなにはいない。結局、信頼関係は崩れ、かえって不信感が広がることになる。

大切なことは、営業マンが"天の声"に頼らず、かつ振り回されず、しっかり大学側の意向を把握して適材適所に十分に気を配ることである。もし、営業担当が１年も経たないのに変更になることがあったとしたら、筆者としてはその業者はお勧めできない。

5.3 大学営業の極意

ついでに営業マンに対してアドバイスをしておこう。

大学の先生に専門的なところまで丁寧に説明しても信頼してもらえないこ

とがあるだろう。それは相手を知らずして、マニュアルどおりの商品説明に没頭しているだけというときである。大学にはいろんな専門家がいる。自分よりもお客さんのほうがより詳しい情報と専門知識を持っているかもしれないのである。先生が忙しいからと、会ったとたんに立て板に水でしゃべり続けると途中で遮られる。「資料だけ置いて帰ってください」と言われたとしたら、そういうケースが多いはずである。その先生の研究内容やプロフィールは大学のホームページや研究者データベースで公開されている。それも調べずに会う営業マンは最初から失敗者である。しかも、営業マンは自社の商品のことしか知らず、またマニュアルどおりのメリットをオウム返しに強調するだけだったりする。

　大学で成功する営業マンは、先生の背景を知り、学内・学外での立場を知らなければならない。eラーニングの論文を発表していたり、学会や研究会で発表していたりする。その中でライバル社との共同研究の成果が発表されていることもある。そういうことを知らないで一生懸命説明しても次からその先生は会おうとはしないだろう。

　客観的資料で他社製品との比較データを示したり、その先生の研究成果や考え方を勉強させて欲しいという姿勢で、自ら勉強した知識を基に商品を説明することが必要である。大学営業は、"広く""深く"勉強することから始まる。大学の先生は偉そうな営業マンよりも、学生や研究者の卵のような営業マンを好むものである。

　背景や立場を知ったら、先生の意向をいかにくみ取るか、が重要になる。商品にはさまざまな機能がついている。しかし、導入側にとっては必要とする機能以外はじゃまで、コストが高いだけということになる。大学側が機能とコストが見合うと判断するようなプレゼンテーションが必要であり、場合によっては他社商品を勧めるくらいの度量の大きさがあって、はじめて信頼されるということも多い。自社商品が要求されている機能をメインとしていないとわかったら、次の機会につなげる関係を残すことを軸に考えることが営業のポイントなのである。

5.4 何ごとも"人"なり

　筆者が 30 年以上も営業を続けてこられたのは、素晴らしいユーザーとの出会い、つきあいができたということにつきる。ユーザーは時には先生でもあり、パートーナーでもある。ユーザーのアドバイスにより開発した商品、ソフト、およびコンテンツは今でも大きな宝物である。さまざまなシステムやコンテンツが、高速に、高精細に、簡単に、どこにいても利用できるようになった。これは大きな進歩だが、同時に人間性を重点におき、人間がしたほうがいいことと機械がしたほうがいいことを区別しなければならないと感じることが多い。あくまでも人間中心の考え方を強く持ち続けなければならない。

　営業はまず人に会い、話をすることから始まる。親しくなろうとしてもメールなど情報ツールだけではうまくいかないことが多いが、こういうことは広く人間社会に共通のことであり、何ごとも"人"だとますます強く実感するのである。

第6章

メーカーが考えるeラーニングの将来像

　株式会社フォトロンは映像の技術革新を目的とし、1968年7月に創業したメーカーである。超高速現象を撮影することのできるハイスピードカメラ「FASTCAMシリーズ」や、画像・映像信号を取り込むためのキャプチャーボード、国産CADとして多くのユーザーを持つ「図脳CADシリーズ」を手がける。また、その幅広くも専門的な映像技術は放送局向けの映像システムソリューションや、医療分野においてもDICOM画像を管理・配信・再生する「KADAシリーズ」など、各業界で求められるハイレベルな画像・映像ニーズに応える製品を開発している。新事業として数年前からeラーニングビジネスに参入し、製品開発を行ってきた。現在は導入大学数も100校に及んでいる。

　シビアな導入効果を求められるeラーニングビジネスの中で、その一端を担う製品に進化した講義自動収録システムと映像配信システムの開発経緯を紐解くことで、今後のeラーニング製品に対する展望と、成功するeラーニングのヒントとしていただければ幸いである。

6.1　eラーニングビジネスへの参入

　本節では、まずeラーニングビジネス参入に至るまでの経緯について紹介し、eラーニングビジネスに参入する事業者を整理した後、eラーニング事業の位置づけを明示していく。

6.1.1 参入に至るまでの経緯

ひとことでeラーニングビジネスといってもさまざまな製品やサービスが存在し、大手パソコンメーカーから SI（System Integrator）ベンダまでさまざまな事業者が参入している。そして、eラーニングというと、成功神話が非常に少ないと思われる方も多いのではないだろうか。これまでeラーニングという言葉が普及するにつれ、多くの製品やサービスが姿を現し、そして消えていった渦中に巻き込まれた方も多いはずである。発展途上のビジネスでは普及と淘汰は必然のことかもしれないが、参入する事業者としては、これまでのユーザーに対してその考えを払拭するような製品を提供できることはビジネスチャンスであり、ユーザーの業務効率の向上に貢献できるチャンスである。

eラーニングの成功にはさまざまな条件があるが、その中でも学習用教材コンテンツの作成と活用は大きなポイントである。コンテンツの内容は、パワーポイントなどのテキストベースのものから、インターネット特有のマルチメディア技術を用いたインタラクティブコンテンツ、高度なソフトウェア技術を使ったシミュレーション教材、情報量の多い映像教材など多岐にわたるが、効果的な学習教材の作成と更新は容易ではない。また、それを活用するための情報ポータルの整備と更新に関しても同様の問題を抱えている。

コンテンツ作成の中でも映像をつくることは多大な手間と高度なスキル、多額のコストが必要である。これらの問題に対して簡単に、使いやすくという観点で技術を集約することができれば、1つの製品による解決の提案ができる。また、映像活用という点においても、ストリーミング映像配信ポータルの開発があり、これらを融合することで、eラーニング市場で求められている映像教材コンテンツ作成の多大な手間とスキルの問題を解決し、また、ネットワーク環境において映像配信を活用することができる仕組みを提供することができるであろう。

6.1.2 eラーニングビジネスの事業者

eラーニングビジネスでは実にさまざまな事業者が存在するが、大きく分けるとシステム事業者、コンテンツ事業者、サービス事業者、コンサル事業

第6章 メーカーが考えるeラーニングの将来像

表 6.1 eラーニング事業者の事業内容詳細(『eラーニング白書 2006/2007 年版』、日本ラーニングコンソシアム編、東京電機大学出版局をもとに作成)

大分類	中分類	小分類	内容
システム開発系(一部販売含む)	SCORMエンジン等エンジン開発	SCORM対応eラーニングエンジン開発	SCORM規格にそったWBTコンテンツのブラウザ等を開発する。
		他のeラーニングエンジン	他の規格にそったeラーニングコンテンツのブラウザ等を開発する。
	LMSシステム開発	LMSシステムの開発	学習管理システムの開発を行う。
	テスティングシステム開発	テスティングシステムの開発	アンケートシステム、オンラインテストシステム等の開発を行う。
	オーサリングツール開発	オーサリングツールの開発	eラーニングコンテンツを作成するためのシステム開発を行う。
	他システム(ERP・KM等)の開発・販売	ERPシステム関連	ERP(統合業務パッケージ)システムの開発・販売を行う。
		KMシステム関連	KM(ナレッジ・マネジメント)システムの開発・販売を行う。
		EIPシステム関連	EIP(企業情報ポータル)システムの開発・販売を行う。
	システム統合	eラーニングシステム製品(LMS、オーサー、エンジン、テスティング等が統合されたもの)の構築	LMS、オーサリングツール、eラーニングエンジン、テスティングシステム等を統合し、eラーニングシステムとして構築する。
		関連システム(ERP、KM、HRM等)との統合	ERPやHRM等のシステムと、eラーニングシステムの統合を行う。統合されたシステムの販売を行う。
	特殊デバイス開発販売	特殊入出力デバイスの開発	自動追尾カメラ、立体視ディスプレイ等の特殊デバイスの開発を行う。
		特殊入出力デバイスの販売	特殊デバイスの販売を行う。
コンテンツ開発系(一部販売含む)	コンテンツ作成(アナログを含む)	書籍の執筆やデジタルコンテンツの作成	デジタル・アナログを問わず、保存可能な学習コンテンツを作成する。
		対面の講義を録画・配信する	eラーニングを想定した場合はムービーファイルへの録画、あるいはリアルタイム配信となる。
	コンテンツ保有(アナログを含む)	書籍等を出版する	書籍、CD-ROMの形で学習コンテンツを出版する。
		文献を保有する	デジタル・アナログを問わず、学習コンテンツを使用する権利や領布する権利等を保有する。
	eラーニングコンテンツに加工	自社のコンテンツをeラーニング化	自社が保有するコンテンツ(デジタル・アナログを問わない)をeラーニングコンテンツに加工する。
		委託を受けてコンテンツをeラーニング化	他社が保有するコンテンツを、委託を受けてeラーニングコンテンツに加工する。
流通系	eラーニングシステム流通販売	eラーニングシステム製品(LMS、オーサー、エンジン、テスティング)の流通販売	部分・全体、クライアント側・サーバ側、ハード・ソフトを問わずeラーニングシステム製品を販売する。
	eラーニングコンテンツの流通販売	コンテンツの保有	eラーニングコンテンツの使用、領布に関する権利を保有する。
		コンテンツの販売	eラーニングコンテンツを販売する。
	システム導入コンサルティング	企業の現状分析	企業の研修形態、規模、研究にあたってのニーズ等を分析する。
		システム選定と導入	クライアント企業に最適なシステムの選定、あるいは組み合わせを行う。
	他システム(ERP・KM等)の販売	ERPシステム関連	ERPシステムの販売を行う。
		KMシステム関連	KMシステムの販売を行う。
		HRMシステム関連	HRMシステムの販売を行う。
		EIPシステム関連	EIPシステムの販売を行う。
サービス系	システム運用	ホスティング・ハウジングサービス	eラーニング用のサーバを提供する。
		eラーニングASPサービス	eラーニングシステムが動作する状態でサーバの提供を行う。
	研修サービス	eラーニング教材の配信	eラーニングコンテンツを配信するサービスを行う。
		メンタリングサービス/チュータリングサービス/ヘルプデスク	学習内容に関わる質問を受け付けるなど、内容に関するサポートを行う。また、進捗状況に応じて励ましメールを送るなどのサポートを行う。
		eラーニングポータル	eラーニング関連情報を学習者に配信するポータルを運営する。
	教育コンサルティング	インストラクショナルデザイン(ID)	インストラクショナルデザインに基づいたコンテンツ製作に関わるコンサルティングを行う。
		人材コンサル	人材育成全般に関わるコンサルティングを行う。
		教育コンサル	目標人材を育成するための教育コース設計などに関わるコンサルティングを行う。

者の4つに整理することができる[1]。

　システム事業者とは、eラーニングのポータルシステムである LMS（Learning Management System：学習管理システム）や CMS（Contents Management System：コンテンツ管理システム）の開発、またはコンテンツを作成するオーサリングツールなどのシステム開発、電子黒板や自動追尾カメラなどの特殊入出力装置を開発する企業を指す。

　コンテンツ事業者とは、eラーニングサービスに必要なコンテンツそのものを製品として開発する企業である。コンテンツ製品には汎用な学習内容に絞ったレディメイドのコンテンツと、顧客ニーズに合わせて独自に作成するオーダメイドのコンテンツがある。

　サービス事業者とは、上記システムやコンテンツを利用したサービスをユーザーに対して提供する企業である。また、コンサル事業者は、eラーニングに関連するさまざまな知識を保有して、ユーザーのeラーニング導入から運用までコンサルテーションを提供する企業のことである。詳細は表 6.1 を参照していただきたい。

6.1.3　eラーニング事業の位置づけ

　講義自動収録装置「Power Rec」は、コンテンツを簡易生成できるオーサリングツールで、講義や講演会などを臨場感そのままに映像教材化することができるシステムである。eラーニングのユーザーのみならず、コンテンツ事業者も使用している。また、作成した動画コンテンツを編集するためのオーサリングソフトウェア「Power Contents Maker」、配信するための動画配信サーバ「Power Contents Server」と、システム事業者の中でも特に動画コンテンツにおける作成から配信までを強みとする最新の映像技術を投入して製品開発を行っている。

　ユーザーからはより使い勝手がよく、効果的なシステムの構築が求められるので、コンテンツ配信の過程では LMS や CMS との連携、講義の収録という過程では自動追尾カメラシステムとの連携などシステム事業者間でのシステム連携が求められる。他のeラーニング事業者との協業は切っても切り放せない重要な関係である。

また、ユーザーからシビアに効果を期待されるeラーニングビジネスでは成功する活用方法を提案することが求められており、システム事業者といってもサービス事業者やコンサル事業者としての知識やノウハウを持ち、顧客に提案を行っていくことも多い。そこで、単に製品の開発を行うだけでなく、「Power Solution」という高等教育機関におけるeラーニングの動画コンテンツ活用サイクルを提案している。詳細は後述するが動画コンテンツ作成、編集、管理、配信という一連の流れをユーザーごとに提案することで、動画コンテンツを核とした講師と受講者間のコミュニケーションによる相乗効果を狙うシステムを提供しようというものである。

6.2 講義自動収録/配信システムの開発

本節では、eラーニングにおける動画コンテンツ作成ツールの現状を整理した後、それを受けて実際に開発している製品の特徴と役割を紹介する。

6.2.1 動画コンテンツの導入方法

eラーニングにおける動画コンテンツの種類を導入の観点から整理すると、コンテンツ事業者が提供するレディメイド型コンテンツおよびオーダメイド型コンテンツと、ユーザー自らオーサリングツールを用いて作成する自作型コンテンツの3つに大別することができる。

レディメイド型の動画コンテンツとは、コンテンツ事業者が提供している汎用の映像教材であり、たとえば物理の実験の手順を説明したものや、資格取得試験対策のビデオ講座などが該当する。導入費用は他に比べて低く、すでにでき上がりのコンテンツのため当然作成の手間がない点がメリットといえるだろう。しかしパッケージ教材のため、必要な教材が必ずしも提供されているとは限らない。また、学習内容の変更があったり、頻繁にコンテンツを提供したりする場合にはそのつど導入コストがかかるために更新性には優れていない。特に高等教育向けでは種類が少ないという問題点がある。

オーダメイド型の動画コンテンツとは、コンテンツ事業者がユーザーからの要望にそった動画を作成するもので、専門的な技能教育の動画コンテンツ

や、講演会の収録を請負ってコンテンツ化するものなど、依頼内容によって多岐にわたる。そのため最大の利点はユーザーが求める自由な動画コンテンツをつくることができるところにある。問題点としては導入コストが高いこと、コンテンツ事業者が請負う部分は撮影や編集部分が主であるため、シナリオ作成や修正確認などに手間と時間がかかることなどが挙げられる。

　自作型の動画コンテンツとは、システム事業者などから提供されているオーサリングツールを使い、ユーザーが自らの必要にそって独自の動画を作成するものである。ツールの種類は豊富だが、ビデオカメラを用いて動画素材を収集し、ノンリニア編集ソフトウェアで編集加工をして作成するものと、最近では専用のオーサリングツールを用い、パワーポイントなどで作成した講義スライドと講師動画を同期させるものが主流となっている。ツールの分類と機能については次の 6.2.2 項で説明する。自作型のメリットは導入コストが低く、ユーザーの必要な動画コンテンツを作成できる点にある。問題点としては、コンテンツ作成には専門知識を必要とすること、作成の手間と時間の負担などから思うようにコンテンツ作成が進まないことが挙げられよう。

表 6.2　動画コンテンツ導入タイプの比較①

	導入費用の価格	作成にかかる時間	内容の自由度	更新しやすさ
レディメイド型	○	○	×	×
オーダメイド型	×	△	○	×
自作型	△	×	△	△

○：メリット　×：デメリット　△：どちらとも言えない

　いずれも一長一短（表 6.2）であり、運用ケースを見据えた導入手段を選ぶべきである。ここで注目していただきたいのは導入後のコンテンツ更新のしやすさという観点である。e ラーニングシステム全体を円滑に活用するために、コンテンツの更新は欠かせない。

　Web のブログサービスが広がった理由に更新のしやすさがあるが、更新の少ないブログサイトでは閑古鳥が鳴いているということに似ている。いずれのケースにおいても動画コンテンツの作成は簡単なことではないが、映像制

作につきまとう手間とコスト、コンテンツの質の問題を克服し、更新性に優れた動画コンテンツを実現することが求められていることは間違いない。魅力的なコンテンツでないと視聴数がアップしないということを考えても、動画コンテンツの更新を円滑に行うことはeラーニング受講者のモチベーションアップにつながり、重要なメリットになるだろう。

6.2.2　動画コンテンツの自作方法

　本項では、前述した自作型の動画コンテンツの作成方法について、講義を動画コンテンツ化するための専用ソフトウェアを用いる場合と、ビデオカメラを用いてまるごと収録する場合の2つに分類して整理する。

　前者の方法は専用ソフトウェアが起動するパソコンを講義に用いることによって動画コンテンツの作成を簡易化する仕組みである。ソフトウェア上で講義資料や書き込みデータが制御されるため、後々編集しやすく学習者が閲覧しやすい動画コンテンツを作成できる。問題点は授業そのものが専用ソフトウェアの機能に限定されることにある。

　ビデオカメラを用いる場合は、講師の授業スタイルに左右されることなく、授業全体を動画コンテンツにすることが可能である。しかし、収録された動画データの編集加工には専門知識が必要で、時間と手間がかかるという問題を抱える。

表6.3　動画コンテンツ作成方法の比較①

	簡単操作	自由な授業
専用ソフトウェアで作成	○	×
ビデオカメラで収録	×	○

○：適応しやすい　×：適応しにくい

6.2.3　動画コンテンツ作成システム

　これまで整理してきた背景と課題に対して、動画コンテンツの作成・編集・配信環境を構築できる「Powerシリーズ」の製品群を紹介する。

(1) 講義自動収録装置「Power Rec」

Power Rec は講義やセミナーにおけるあらゆる内容を、これまでにない簡単操作でまるごと動画コンテンツとして収録することができる講義自動収録装置である。

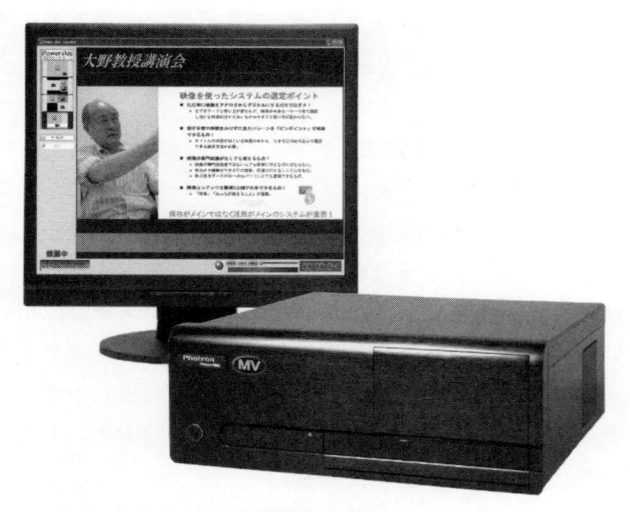

図 6.1　講義自動収録装置「Power Rec」

　本製品の特徴的な仕組みは、パソコンや書画カメラなどからプロジェクタへ出力される RGB 信号とビデオカメラから出力されるビデオコンポジット信号を専用ハードウェアで合成しながら動画ファイルを生成できるようになっている点である。専用ソフトウェアと異なり、講師側のパソコンでコンテンツを作成するのではなく、装置側でコンテンツ作成が完結できる。前述したが、動画コンテンツの作成が本来自由な講義に支障をきたしては本末転倒だという考えから開発したものである。

　本製品を用いれば、講師は自分自身のパソコンを用いてパワーポイントやワードなどの Office 系ソフトウェアはもちろんのこと、どんなソフトを使っても教材コンテンツに反映される。講義で動画教材を再生したり、Web ページについて言及したり、書画カメラを使って紙ベースの教材を使ったりと、どんな自由な講義を組み立ててもすべてが動画コンテンツになるのである。また、プロジェクタに投影されるすべてを滑らかで高画質な動画として収録

することができるので、マウスカーソルやスライドのアニメーション、タブレット PC などによる書き込みが動画で再生され、わかりやすい動画コンテンツができ上がる。もちろん、プロジェクタを使わない板書中心の講義や身振り手振り中心のパネルディスカッションなどの場合も、同様の操作でビデオカメラをメインにした動画コンテンツをつくることができる。

　作成方法についても簡略化を徹底しており、開始前に主電源を入れ、あらかじめ準備した複数の収録レイアウト（図 6.2）から希望するものを選択後、講義の開始と終了に合わせて録画と停止ボタンで完成するようになっている。レイアウトは授業中に変更することもできる。簡単なユーザービリティを実現するためにビデオデッキの操作感覚と同様にしているため、専門知識なしに誰でも魅力的な動画コンテンツをつくることが可能である。

　6.2.1 項で示した動画コンテンツ導入タイプの比較を行い、整理すると表 6.4 のようになる。できるだけ導入費用をかけず、作成にかかる時間を減らし、更新性に優れたものになっている。また、6.2.2 項で示した自作型での作

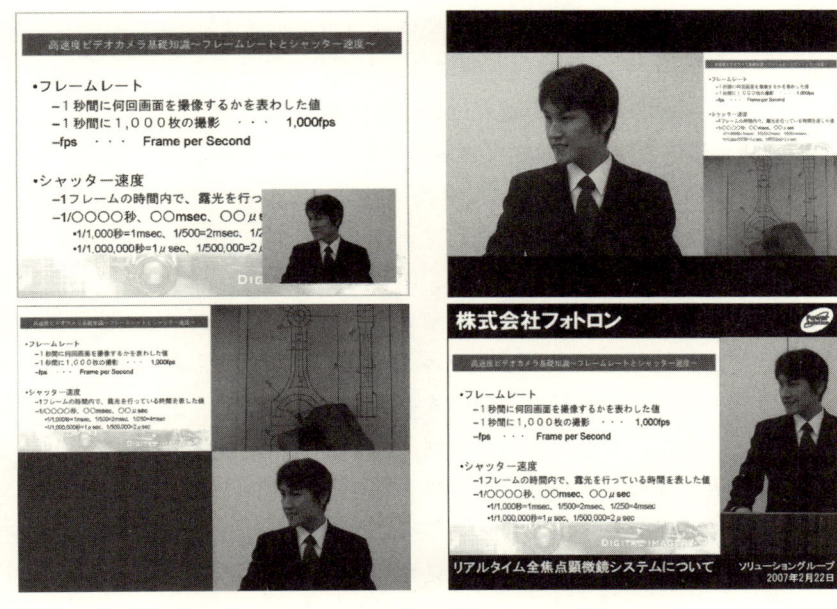

図 6.2　収録レイアウトの一例

表 6.4　動画コンテンツ導入タイプの比較②

	導入費用の価格	作成にかかる時間	内容の自由度	更新しやすさ
レディメイド型	○	○	×	×
オーダメイド型	×	△	○	×
自作型	△	×	△	△
Power Rec 型	△	○	○	○

表 6.5　動画コンテンツ作成方法の比較②

	簡単操作	自由な授業
専用ソフトウェアで作成	○	×
ビデオカメラで収録	×	○
Power Rec で収録	○	○

成方法について比較、整理した場合は表 6.5 のようになる。簡単な操作で作成でき、本来大切にすべき自由な授業側に負担をかけずに動画コンテンツが作成できる。このように、講義収録に特化した仕組みを採用したことにより、多くの高等教育機関で導入が進んでいるのである。

(2) 動画コンテンツ簡易編集ソフトウェア「Power Contents Maker」

　本製品は Power Rec で作成した動画コンテンツを加工、編集するためのソフトウェアである。収録された動画ファイルにタイムマーカー情報の付加、サムネイルやタイトルの表示／編集、任意の映像時間軸上へのテキスト追加をすることができる。編集された動画コンテンツは Web ブラウザで再生することができ、情報を補足するテキストとの連動表示、視聴効率を向上させるチャプター機能や、動画の内部構成を直感的に把握できるサムネイル表示により構成される。これによって動画ファイルのみを動画再生プレイヤーで視聴する場合と比較し、Web コンテンツ特有の活用性に優れる動画コンテンツ（Power Contents：図 6.3）をつくることができる。

　また、講義の動画コンテンツには見せたくない部分を簡単にカット編集したいという要望が多く、再エンコード処理をせずとも瞬時に不要部分をカッ

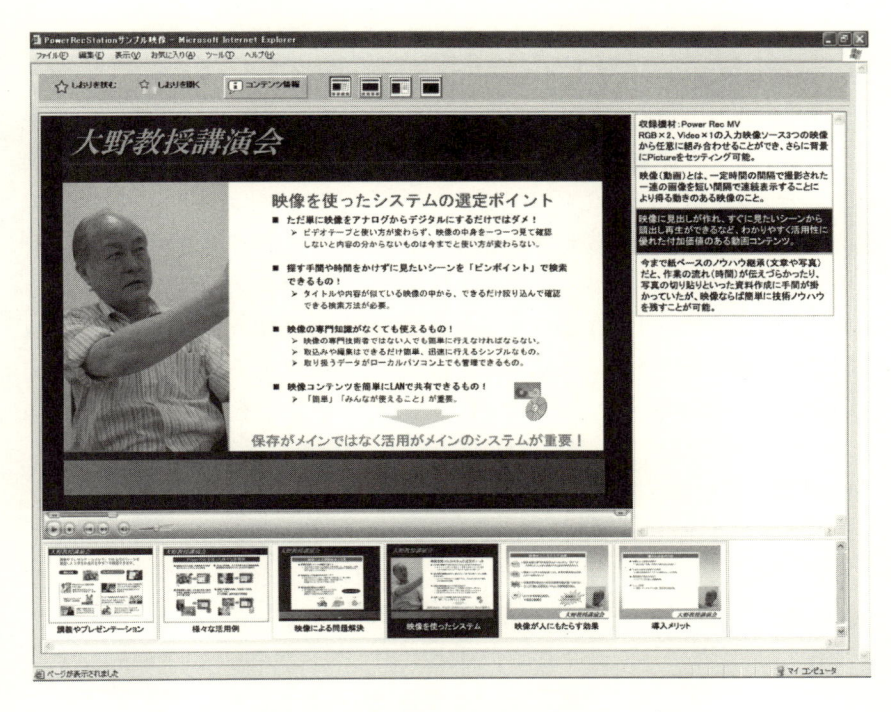

第6章　メーカーが考えるeラーニングの将来像

図6.3　「Power Contents」再生イメージ

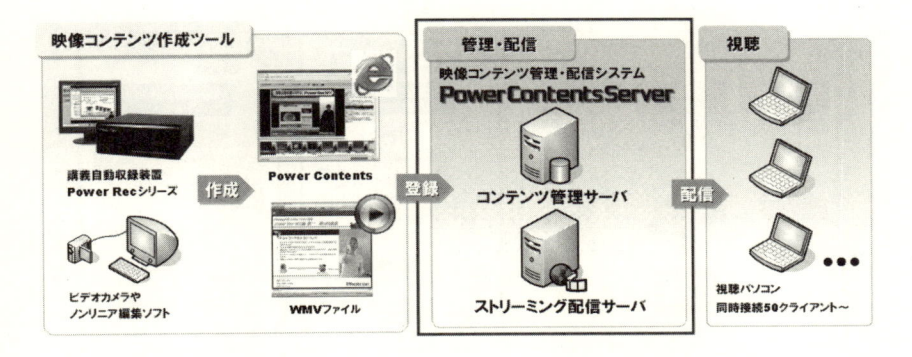

図6.4　「Power Contents Server」のシステムイメージ

トできる編集機能を持つことで、作業時間の短縮を可能にしている。

(3) 映像管理配信システム「Power Contents Server」

ブロードバンド環境の急速な浸透により、情報伝達の的確な手段として映像をネットワーク環境で利用することが当たり前になってきた。本製品は動画コンテンツをストリーミング配信するサーバと、動画コンテンツ情報、視聴ユーザー情報、視聴状況などを管理するサーバから構成されている。少ない作業手順で動画コンテンツの登録から管理、視聴ユーザー情報の登録から動画コンテンツに対する視聴権限の設定などができるようになっている。視聴履歴の閲覧やデータの書き出しなどの機能も備えている。本格的な映像配信の仕組みが教育機関でも簡単に導入することができるよう設計されている。

(4) 映像活用ソリューション「Power Solution」

「Power Solution」とは、「動画コンテンツ活用に必要なあらゆる機能をシステムアップし、教育現場の進化に対応すること」をコンセプトにした拡張性に優れた動画ネットワークソリューションである[2]。

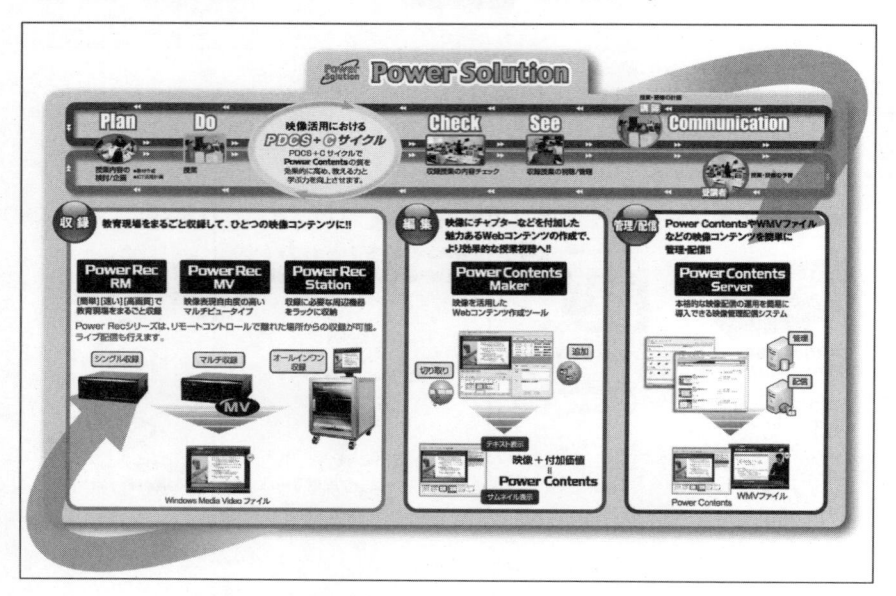

図 6.5 Power Solution の PDCS＋C サイクル

動画コンテンツの作成から編集、管理、配信までをシームレスに統合し、教育現場の映像活用におけるPDCS＋Cサイクルを実現することができる。このサイクルは、授業計画（Plan）、授業の実施および収録（Do）、授業の振り返り（Check）、授業の視聴（See）、授業の相互評価（Communication）により構成されており、実際に授業を行い、動画コンテンツを活用しながら、運営者および講師、受講者が動画活用におけるノウハウを蓄積し、動画コンテンツ自体の質を効果的に高めるという作業を継続的に行う。また、質の高まった動画コンテンツを通して、講師と受講者は教える力と学ぶ力をさらに高めていくことにつなげることになる。

この一連のサイクルは前述したPowerシリーズ製品で構成されており、誰でも使えるユーザーオリエンテッドな操作性を兼ね備えており、教育現場にスムーズに浸透させることが可能である。

6.3 動画コンテンツ作成ツールの将来像

本節では、章のまとめとして「Powerシリーズ」の導入ユーザーから寄せられる失敗談と成功事例を通して、よりよい動画コンテンツ作成の仕組みおよびeラーニングにおける動画コンテンツのあり方がどう変わっていくかについて展望を述べたいと思う。

6.3.1 ユーザーの失敗談と成功事例

ユーザーから寄せられる失敗談の多くは、システム導入時の運営体制が整っていない場合と、目標設定が十分でない場合とに分かれる。

運営体制の問題とは、導入のみが先行し、運営体制が不明確なまま進行したばかりに、周囲の理解を得られずシステムがほこりをかぶってしまったというものである。動画コンテンツの活用サイクルでは運営者、講師、受講者の相互理解と役割分担の明確化が必要である。導入が優先されようとも、運営体制がしっかりすることによって、導入初期のシステムから、よりよいシステムへと周囲の意見が出し合われ、より使い勝手のよいものに仕上がっていく。運営体制によってeラーニングのシステムが活かされるか滞るかが左

右されるのである。

　次に目標設定が十分でない場合だが、何を動画コンテンツにするべきか決めていなかったり、その動画コンテンツに期待する効果が不明確だったりで、導入時の熱が冷めてしまい、コンテンツ作成が滞ってしまうケースがある。動画コンテンツの運用においては、学習者の情報整理（要望や人数など）と、配信手段の選択（DVD メディアやインターネット配信など）、そして収録講義の選定（何曜日の何限や、何日にある講演会など）を行い、運用者側では習得期間（導入後即稼働ではなく 1 ヶ月程度）を設けたほうがよい。何のために、何を、どう活かすか、さらに定期的なアンケートなどの実施により、当初の目標にどれだけ近づいているか確認することが大切である。

　上記のような問題を解決しているユーザーからの声には次のような成功事例も報告されている。これまでは年間 15 の動画コンテンツ作成に留まっていたが、**Power Solution** を取り入れたことによって年間 800 のコンテンツ作成が可能になったそうである。学生の満足度はもちろんのこと、講師陣は授業の回数を重ねるごとに講義資料のレベルが上がっているそうである。収録される意識が自然と教育力の向上に結び付いているとのことで、映像活用サイクルの素晴らしい成功事例である。

6.3.2　講義収録システムの将来像

　以上の説明から、講義収録システムは単に動画コンテンツを作成して配信するだけのものではないことを感じていただけたのではないだろうか。今後もさまざまな最新技術により、要素技術は変化するかもしれないが、動画コンテンツの活用が普及することによって次のような可能性を秘めていると考える。

① 家に居ながらにして臨場感あふれる体感型の動画コンテンツの登場
② 講師が自身の講義や名物講師の講義を視聴することによる教授能力の向上
③ 講義を通した学生の活発なコミュニケーション
④ PC 環境のない場所や PC を持っていない受講者を含め、モバイル環境を使った自学自習の定着

などである。

　残念ながらこれらはまだ数値による結果は出ていないが、おそらく近い将来訪れるだろう動画コンテンツのeラーニングにおけるあり方に近い姿なのではないだろうか。変化を求められる教育現場において、本来目指している豊かな教育実現のための製品づくりができることに主眼を置き、今後とも市場調査、製品改善を怠らず努めていかなければならないと思う。

参考資料

1)『eラーニング白書 2006/2007年版』、日本ラーニングコンソシアム編、pp.161-164、東京電機大学出版局
2) http://www.photron.co.jp/products/e-solution/index.html

座談会「e ラーニングの現状と展望について語る」

出席者（五十音順）：
　　青野修治（学校法人金子教育団本部）
　　河合匡彦（池上通信機株式会社）
　　鈴木洋介（株式会社フォトロン）
　　高橋孝男（ユーザーズ株式会社）
　　羽倉弘之（東京大学大学院情報学環）
司会：渡辺幸重（畿央大学教育学部教授）

渡辺：日本の教育の問題点として、高校における必修科目の未履修や大学生の学力低下などがあり、その補完としてのいわゆるリメディアル教育とか補習教育への e ラーニングの利用が活発になっています。

　一方、本来の高等教育における教育の在り方として、学生が先生の背中を見て育つという時代ではなくなり、学生参加型の学習方法を行って「教えたいこと」ではなく「学生ができるようになること」を到達目標として明示し、厳格な成績評価とラーニング・アウトカム（学習成果）の公開をするという組織的な教育が求められています。

　これらの変化に対応するシステムの 1 つとして e ラーニングが注目されています。すなわち、学習履歴を記録し、きめ細かな教育を行うために e ラーニングを利用することが教育改革につながるということではないかと思います。ただ、「初めに e ラーニングありき」ではなく、目指す教育がまずあって、その中で e ラーニングをどう使うか、あるいは使わないのか、という判断をすることが重要ではないか、と思っています。

　われわれは e ラーニングを推奨する側の人間ですが、情報技術があるから利用しなさい、せっかくの最先端技術を使わなきゃもったいないですよ、という姿勢ではなく、教育現場の問題をまず理解して、それは e ラーニングなり ICT 利用で克服されますよ、と提案する姿勢でないといけない。過去の LL（視聴覚教育）や CAI（コンピュータ支援教育）の失敗は技術優先だった

からではないか、という反省が必要ではないでしょうか。

　eラーニングは、すべての教科・科目に関係し、いろんな教員集団が取り組んでいるので、教育工学や情報通信技術の担当者も含めていかに共同で理解し合いながら進めるかが大きな課題です。そういう意味では、われわれのこの e-Learning 研究会での議論も大きな意味を持っています。本日はeラーニングの活用方法やさまざまな問題点について、さらにはその克服やeラーニングの将来展望まで自由に話をしていただきたいと思います。

eラーニングの現実的な問題点

羽倉：eラーニングにはメリットとデメリットの両面があります。たとえば、大学によってはサテライトキャンパスやサテライト教室など拠点を複数設けることがあります。どのキャンパスでも同じレベルの教育をしたい、あるいは学生が他のキャンパスの授業を取りたいというときにeラーニングの必要性が非常に高まるわけです。ところが、普通の授業では先生ひとりだけでも進められますが、eラーニングになると先方にも誰かがいなければならない。また、先生も機材を使えることを前提にする場合が多いのですが、使えない場合は誰かにやってもらわなくてはならない。そこで遠隔操作をし、先方の教室に学生が入ってくると普通の授業と同じような感覚でeラーニングが実行できる、というようにすることなどが考えられています。それにしても最初に誰かがセッティングしておかなければならない、という問題はあります。

　また、eラーニングには事前準備が必要です。教材作成にも手間暇がかかる。特に著作権がらみの画像を使うと、印刷物やデータになったときに問題なのでどう管理するか、個人情報が介在する場合があるのでそれをどうコントロールするか、という問題もあります。たとえば、学生の名前、学籍番号、場合によっては、成績までデータとして取り込まれているときに、それをどう保護するか。あまり厳しくしすぎると、利用する先生や学生がとても面倒くさいシステムを使わなければいけない。そういう問題まで考えると、一概に簡単にできるといえないところがある。

　そういう点も全部考慮した上で、なるべく使い勝手のいいシステムをつく

らないと、うまく動かないのではないかということを感じております。とりあえず問題点から話しました。

青野：大学で一番問題になるのは、先生方に反対されることですね。「教育なんてコンピュータではできない。教育の基本は Face to Face で行うものだ」と e ラーニングに拒否反応を示す先生がいます。

そこで、e ラーニングはあくまでも授業の補完ツールだといって説得します。e ラーニングを遠隔教育に利用すると授業をやる教室以外の場所でも受講できます。また、授業を休んだ学生のフォローをしたり、あるいは授業を受けた学生が復習したいときに学習できるというメリットがあります。

それから、インフラやシステム構築などで結構お金がかかるので、その対応として 1 つには文部科学省などの助成を受ける方法がありますが、その場合、インフラを助成金で整備したあとにもコンテンツ制作や学習マネジメントシステム（LMS）開発などに費用と労力を費やす必要があり、その辺がネックになっている場合が多いと思います。また、コンテンツ制作では、ビデオカメラで撮影し、編集してアップするなどの作業をスタッフがやるとなると、それだけでもかなりの人員が必要です。e ラーニングに取り組むに当たっての大きな問題点となっています。

そういうことを考えると、導入するときには、特定のゼミとか研究室とか、小さくてもやりやすいところから始めて大きくしていくというのが一番スムーズなのかなという気はします。あるいは現代 GP（現代教育ニーズ取組支援プログラム）、2008 年度からは特色 GP（特色ある大学教育支援プログラム）と統合されて教育 GP（質の高い大学教育推進プログラム）という GP になりましたが、そういうものをとってからとか。

渡辺：大学などに導入を勧めるという立場からいかがでしょうか。導入のネックになる問題点とか。

高橋：私の体験を話すと、実際にはできるだけお金をかけないで、試験的にやってみたいというのが多いんです。しかし、成功しないことが多い。思いつきのような感じでやってみようと進めたところは意外と失敗しています。

たとえば、オープンソースの LMS を使ったことがあります。確かにお金はかからないのですが、実際に立ち上げて動かそうとすると非常に大変だと

いうことがわかり、ほとんど使えなかったという例がありました。

　そこで気がついたのですが、長続きしているのは、お金をかけているところでも、広げないで絞ってやろうとしたところ、1つの学部なり学科でやるとかテーマが絞られているとか、そういうところですね。

青野：それはeラーニングをどのような方向で完成させるのかという明確なビジョンがあるのかないのかの問題だと思うんです。将来的にこういうようにやっていきたい、到達点はここですよというビジョンを持ってやっていけばいけるはずです。とりあえず小さくやって、お金をかけないでやっても、結果が出てから次を考えようということだと失敗します。

渡辺：池上通信機は、大きいシステムを扱っていますが、どうでしょうか。

河合：はい、放送局を中心に製品を販売しています。学校向けとしては、全自動で収録するタイプのカメラシステムがあります。これは授業を行う先生がピンマイクを取り付ける手間だけで、あとはすべてコンピュータ制御で自動収録できるものです。毎日行われる授業のすべてを自動収録することもできます。また、全方位カメラシステムは、視聴しているすべての学生がそれぞれに、見たい画像の一部分をマウスだけで自由に選んで拡大することができます。

　大学で大きな規模のシステムを入れるとき、お金はたくさんかけたけれども、スタッフがそろわない、もしくはスタッフの教育ができない、という問題が生じると深刻です。初めは多くの人員や金額を費やして進めるが、だんだん先細りになっていって、そのうちあまり使わなくなるという話も聞きます。

渡辺：組織的に続ける体制をどうつくるかでしょうか。

河合：その体制がしっかりできたところは続いているようですが、お金はこれだけ用意したからeラーニングでやりましょう、というところは長続きしていない感じを受けています。

鈴木：それは私も同感です。フォトロンの講義自動収録装置でいえば、先生1人でも簡単に映像コンテンツがつくれるよう設計していますが、先生1人でeラーニングシステムのすべてを立ち上げられるわけではありません。

　導入を考えているお客様にあらかじめ考えていただきたいことは、活用する目的と目標をきちんと立てて計画に落とし込むということです。どの授業を動画コンテンツにするのかも決まらないままに導入してしまうと、結果と

して周りの先生や組織からの理解を得られず停滞してしまいます。少なくとも1年、2年のスパンで計画を立てておくことが、より成功に結びつく1つの方法ではないかと考えます。

重要な産官学民の連携

河合：確かに今までのeラーニングは、とりあえずeラーニングという言葉だけに踊らされて、機材を買いましょう、eラーニングやりましょう、でもやったけどどうすればいいのかわからないということで衰退していった面もあると思います。そういう意味では、eラーニングは分岐点に来ているのではないか。それに対して企業が協力できることとしてどんなことがあるのか。

学校で進めているeラーニングにどんな形で協力したらよいのか、池上も見えていません。見えてきた例としては、この e-Learning 研究会で話をしている全方位カメラシステムや一橋学院に入れさせていただいた収録システムなどは、どちらかというと、弊社としては別のところで使っていた製品でして、この研究会でeラーニングに使えるのではないかということがわかりました。

産官学民が協力できる体制がより多くできれば、あるいは学校側からメーカーにこんな物が欲しいと投げかけてもらえばもっといいものができると思っています。この研究会で、池上にはeラーニングに利用できる技術が数多く埋もれていることがわかりました。自分の会社の製品がeラーニングにどんどん利用されれば最高です。

渡辺：大学の立場でいくと、eラーニングを導入する条件として2つあって、1つは、トップランナーとして、自分たちがやりたいことを、企業に開発してもらうなり自ら開発して他大学よりも先にやるということ。トップランナーであることによってPR効果も大きく、内容的にも自分たちの希望に合ったシステムができるわけです。もう1つは、他大学がやっているからついていくということではなく、技術やノウハウが十分熟してきた段階で入れようということですね。

いずれにしても中途半端ではなくて、どっちを選択するかということだと

思います。さらにいうと、eラーニングを広く普及させるためには、ある程度教育現場で成熟するまで待たなければいけないのだと思います。中途半端にみんなでやろうよとなったら、せっかくいい実践が1割あるのにあとの9割が付和雷同であったためにいい実践までだめに見られてしまうのではないかという気がします。まず、足元を固めてじっくりとやる大学が実績と評価を得ていくことで、じわじわと着実に普及するのではないか。うちの大学はそこに位置している教育現場だとみられたい。そうなると、わざわざeラーニングとはいわないで、「うちの教育は」という言葉が主語になってくるでしょう。

　ブレンディッド・ラーニングという言葉があります。対面授業とeラーニングをうまく併用する教育がいいのではないかという考えですが、私もそう思っています。だから、1つは池上通信機の全方位カメラだけのシンプルなシステムが有効な場面も十分あるのではないか。それこそがいいという場面もあるし、そうでないいろんな機能を組み合わせたほうが有効な場面もあるでしょう。場面に合ったシステムを考えるためにも、学校教育と企業と行政と地域社会つまり産官学民の連携が、そして実際のさまざまなコラボレーションが重要だと思います。

　われわれの e-Learning 研究会という場もその1つで、教育現場のニーズと企業の提供するものをうまく合わせるということが大事です。導入の話のときも営業担当者は技術的な説明をするだけではなく、大学の意向を汲み取れるコミュニケーションが大事でしょうね。

鈴木：そうですね。お客様ごとにさまざまな都合がありますから。企業側としては、技術的な説明だけではなく、導入事例を紹介したり、運用の計画なども一緒になって考える姿勢が大事だと思います。

現代 GP の貢献と費用

渡辺：お金を用意するのも、人を用意するのも時間をどう使うかもリーダーシップがないといけないでしょうね。GP が学長の強いリーダーシップのもとに組織的にやりなさいとなっているのもそこだと思います。

青野：現代GPはそういう面ではやりやすいんですよ。目的もはっきりしているし、学部単位で実行部隊がしっかりしているので意思の疎通がうまくいきます。そこから始めて学部全体、さらに他の学部へとだんだん広がっていく。ただそれにしても、それを進める人が最終的な到達点をわかってしっかりしたビジョンを持たないとうまくいかないのではないでしょうか。
渡辺：人・もの・金の問題というのは、eラーニングの普及にどれくらい影響しているのか。組織性、リーダーシップというものはどうか、われわれが今回実施した大学アンケートでわかりませんか。
高橋：一番困っているのはお金ですよ。やりたいけれどお金がない。機材購入費用と人件費ですね。導入資金、ランニングコストの両方ともに困っているようです。まず機材、その次には人ですね。やっぱり人もお金が問題ですから、お金に困っているということでしょうが、現代GPでずいぶん助かっているところが多いですね。現代GPがなかったら、こんなにeラーニングの普及は進まなかったかもしれません。
羽倉：現代GPの効果というのは、非常にはっきりしていますね。
渡辺：組織の中では、GPが引き金になって事業ができることになり、組織内外でのコラボレーションができるというのは大きかったということですね。ただ、GPが切れたときにどうするか。文部科学省は、続けてやりなさいといっています。
高橋：成果がどのくらい出ているとかもあるのでしょうが、そのときまでに大学としてちゃんと認めて予算をしっかりつけて欲しいですね。
渡辺：そうですね。文科省の考え方は、大学として必要なものを構築したのだからGPがなくなってもやるでしょうと。もう1つは、税金でGPをやるのだから、他の大学にも公開し、マネできるようなことをしなさいと。そういうことでいうと、一番困っているお金を手当てしてもらうのが現代GPで、継続しなければならず、他の大学がマネできるようにしなければいけないのだからeラーニングは普及するはずなのです。
羽倉：お金の面でいうと、機材関係のコストは年々下がってきていますね。
高橋：そのとおりです。eラーニングを構築するのに、以前は何千万円もかかったものが今は何百万円というレベルでできるようになりました。

羽倉：機材だけではなくて回線料がものすごく安くなりました。メンテナンス費用も安くなってきたので、eラーニングはもっと普及しなければおかしい。

鈴木：私の実感としても、今はネットワークが高速化、安価になっているので、これから本格的な導入が拡大すると考えています。

渡辺：そういう意味ではチャンスなのですが、LL、そして CAI と失敗してきて、またeラーニングも、という話もある。三度目の正直となるか、二度あることは三度ある、となるか、ですね。

羽倉：今までとは次元が違うと思います。これまでのeラーニングはあまりネットワーク的な意識がなく、クローズされてました。ところが、これからのeラーニングは、Web2.0 じゃないけれども、別の新しい次元でのネットワークができたので、もっと広い領域で使えるようになってきた。それだけに面的な広がりに対応するシステムが必要であるという感じがします。

eラーニング・コンテンツの問題点

羽倉：海外の情報をみるとコンテンツのクオリティの問題が多く出ています。機材はかなりいいものが出てきているし、使い勝手もよくなり、昔ほど投資をしなくてもすむようになった。しかし、いまだにどこでも問題になっているのは中身の問題です。ICT 環境を十分に生かしうるコンテンツが用意されていないし、それをつくるのも決して容易ではない。コンテンツのクオリティに関する考え方が今１つしっかりしたものがないというので、各国で研究をいろいろやっているようです。

　コンテンツ素材に関してはだいぶいいものが出回るようになってきたと思います。システムはインターネットを使って安くなってきてどこの大学でも導入しやすくなったけれども、今度は使える人がいない、あるいは教材をつくる人がいない、というのが深刻な問題です。そういう人材をどうやって養成していくかということも考えていかなければならないと思います。

渡辺：コンテンツは、クオリティと同時に、先生たちは自分でつくり直したいという気持ちが強いですね。どういうねらいで、どういう学習者を対象に、

どう教えるか、を自分たちで決めたいというのはわかります。教授法は大事だと思うんです。

　畿央大学の大学院で遠隔教育を導入したときも、それまでと同じようにやってくださいとお願いしました。最初は「対面でなくては授業はできない」と言う声もあったのですが、ただしゃべるだけでも **OK** だし、パワーポイントだけでも送れるし、教材は書画カメラで写せば大丈夫ですよ、と説明しました。コンテンツにしても、先生たちが教えたいものをそのまま教えてくださいということでやったら、先生たちは予想以上に早く慣れました。先生たちは学生が喜べば一生懸命やるんですね。

　さらに先生たちが工夫するようになって「こうしたら結構よかったよ」と言う話を聞いてほっとしたんですけれど、「もっとこういう機能が欲しい」とも言ってもらえるので、こちらもさらにシステムを改善しようという気になります。大事なのは教授法であり、学生の反応があったら先生方は動くということを実感しました。

高橋：　eラーニングの勉強で思うのは、わからないときにどうするのかということです。わからないままだと継続して取り組んでくれないだろうと思います。質問ができる体制をどうつくるかが肝心でしょうね。

渡辺：文部科学省は双方向性を保つように言っていますね。うちの大学院のライブ授業配信システムでは、学生の質問はチャットで受け、必要に応じて先生が音声で答えています。授業中の回答が必要でないと判断した場合は授業終了後にメールや掲示板で回答します。そのほか、授業中にチャットで会議するシステムや先生が5択の小テスト（アンケート）を出して即座に答える仕組みもあります。授業終了後はメールや電子掲示板も使っています。

羽倉：eラーニングに関する質問は同じような内容が多いので **FAQ**（頻繁に尋ねられる質問）のような格好で整理しておくといいですね。

高橋：　私はeラーニングの実際をイメージしたとき、学生たちはどこで使うのだろう、と思いました。自宅でやるだろうかと。やはりeラーニングのできるような環境、そういう場所が必要なのではないかと思いましたね。

渡辺：通信教育の大学で聞いたのですが、遠隔で受講できるといっても1回は学校に出てくる人が多いそうです。教室で先生と会って現実感ができると

自宅でも安心して勉強するというんですね。また、遠隔でもライブ授業がいいのは、時間が決まっているので学習のペースがつくりやすい。やはり、教室だとか、時間割というのが学習のベースにあるといいようですね。うちの大学では、オンデマンド教材の人気が高いのですが、それは時間割があり、そこで授業を受けるというイメージがあって、そこから1週間以内に復習しなければいけないという学びのペースができているからではないでしょうか。現実感のあるものがベースにあったほうがいいのだと思いますね。

青野：本人が受講したという認証はどうしていますか？

渡辺：うちの場合は通学制の大学院なので、指導教員と面接をやった上で、お互いが合意して入っていますから最初からちゃんとコンタクトができています。通学制だからなるべく教室に来るように指導しているので、半数は来ています。忙しい日はライブ授業かオンデマンド授業という感じですね。お互いにコミュニケーションができているという状態で始めるので、eラーニングの環境としてはいいですし、遠隔の学生には授業中にときどきクリックしてもらって受講を確認しています。遠隔といってもけっこうコミュニケーションはとれているし、なかには学校にきて教室で受講し、帰ってオンデマンド教材を何回も見ているという学生もいて、熱心だなと思いますよ。

高橋：熱心ですね。eラーニングくらい勉強しにくいものはないだろうと思ったんですが。

渡辺：社会人ですから、実際に勤務している病院で問題に直面したりする。そこでの問題解決方法を大学院で聞いたり、あるいは授業で聞いた最新情報を専門学校の教員として学生に教えたりとかしているようです。

生涯学習と授業改善

渡辺：青野さん、特に専門学校で何か感じることはありますか。

青野：専門学校はあまり補助金がないので、小さく始めないといけないし、eラーニングのためのスタッフをそんなに配置できない。1教室に1人配置では全体でかなりのスタッフが必要となるので、一橋学院でやったように、全教室の授業を全部自動で収録していく方法しかないという気がします。大

学は単位取得という学生のモチベーションがありますが、予備校では学力を向上させるため、成績を上げるためという目的だけでeラーニングを構築し、学生もそういう目的で受けることになります。

渡辺：eラーニング全体でいったら、遠隔にいる社会人向けあるいは生涯学習用ということで「いつでも」「どこでも」「誰でも」というユビキタス社会を実現するような展開があると思います。大学でも生涯学習講座や公開講座にeラーニングを使っていこうという展開が出ています。

　もう1つは、FD（教員の授業内容や教育方法などの改善・向上を目的とした組織的な取組みの総称）への利用です。大学の授業はどういうふうにやっているのかがわからないところがあります。学生の授業アンケートでは結構シビアに出てくるんですが、先生に言わせると「学生の反応と授業の良し悪しは相関がない」とか「授業の特性による」という弁明も出てきます。eラーニングシステムで授業を収録すると、担当の先生も他の先生も見ることができるので適切な評価と授業改善ができるのではないかと思います。

　鈴木さん、そういう効果についてどう思いますか。

鈴木：そうですね、講義を収録する仕組みを導入する目的としては、学生に授業をもう1回見せてあげたいとか、欠席した学生に対してのフォローということがほとんどなのですが、毎日の講義を収録するということが先生にとってみると、普段の対面型の授業だけに比べて、資料のつくり方や話す内容をよくすることに、自然と意識が向く効果があるという話を伺います。

　Power Recを数年間使用していただいている先生方からのアンケートの中にもあったのですが、過去の授業を振り返ることができるので、同じ授業でも、去年と今年の授業では資料をよりわかりやすくすることや、話す内容を改善するのに役立っているそうです。動画というのはそのときの情景をそのまま記録するメディアですから、そのときなぜそういう授業をしたのか鮮明に記憶が呼び起こされます。このことから、授業収録は授業改善に有効であるといえると思います。

　また、この動画特有の記憶を呼び起こす効果は、授業をする側だけでなく、授業を受ける学生側にもよい効果が出ているようです。従来の復習はノートを見ましたが、それにプラスして授業の動画を見ると、そのときの授業の記

憶が呼び起こされ、高い学習効果につながっているとのことです。これらはフォトロンが、Power Rec を企画した当初は、考えていなかった相乗効果ですが、動画を教育現場に活用するようになったのは始まったばかりですから、これからも新しい効果が出てくるのではないかと期待しています。

教材データベースの可能性と著作権

渡辺：私は個人的には授業映像のデータベースを構築したいと思っています。見てもらう、あるいは自分のを見る、人のを見るということが大事なのではないか。その意味では、たとえば、池上通信機の高性能全方位カメラのようなものがあれば、それだけでも十分にその機能を果たし、授業改善になるということもありえるわけです。eラーニングシステムとしては単一目的のシステムではなくて、いろんなパターンがあって、柔軟なeラーニング世界のようなものが豊かにできてくるというのが一番いい進み方ではないかと思っています。

羽倉：一方で、メタデータ化というのがあって、データの検索をしやすくするために画像検出という技術もあります。そこまでいかなくても、できるだけ細かく分けて、メタデータとして貼り付けていき、容易に検索ができるというやり方があります。

　デジタルアーカイブの分野で、メタデータ（データ関連情報）の標準化というのがあって、それを流通に流すときに、検索に引っかかりやすいような構造にしておくという方法もあります。

青野：大学でもこれだけeラーニングが入ってくると、教材あるいは映像がたまってわけがわからなくなると思うんですよね。だから次の段階として、教材あるいは映像のデータベース化というのは必要で、何年度のどの先生の、どの授業というのがすぐ出てくるように、しかも細分化して、個々の項目だけ見たい場合でもすぐに検索できるシステムが必要になってきますね。

鈴木：フォトロンの「Power Contents Server」という映像管理配信システムでは、年度ごと、科目ごと、先生ごとなどのカテゴリから目的の動画にたどり着けるようになっています。それと、ただ単に動画ファイルが検索され

るだけではだめで、動画の時間軸にキーワードを埋め込んでおき、そこから再生ポイントを探すことができるようにしています。これによって効率的に動画を視聴できるというのが、フォトロンで提唱している「**Power Contents**」という動画コンテンツなんです。

　ただ、このメタデータを埋め込むというのが問題で、いかに手間をかけないで埋め込むかというのは技術的に難しい現状があります。フォトロンでは授業をするときに使う、パワーポイントの資料を切り替えたタイミングでスライドのタイトル情報が自動で埋め込まれる機能を実現しています。これで随分と視聴の効率がアップしています。

　今後の検討課題としては、先生と生徒の発言や、黒板の板書、資料の文字や画像、先生の所作、振る舞いなどのその場で起こっている情報をいかにしてメタデータにして動画に埋め込むことができるかですね。

渡辺：特にデータベース化する場合、著作権と個人情報の問題があると思います。これは難しいところで、ある先生がいうには、エンターテインメント分野では厳しくやらないといけないけれども、学術論文などで発表されているものについては、著作権者はそんなに文句をいわない、あるいはもっと使ってもらいたいと思っている、と。過度にナーバスになると、教育の質が落ちる、あるいは、本当にやるべきことができなくなってしまうということで、そのへんはリスク管理と考えて、組織がどこで線を引くかという判断をしてやっていかなければいけない、と言っていました。

　うちの大学院のeラーニングについていうと、ライブ授業はその場限りだからいいのですが、オンデマンド教材になると問題なので、先生に対して著作権処理しなければいけない内容については申告してくださいということで、対象になるところは見えないように処理する体制をとっていますが、その上で神経質になりすぎないことも必要かなと思っています。

羽倉：インターネットを経由してデータが自由に利用できるという状況で、利便性と制約というのが相反するわけです。あんまりセキュリティをかけると便利でなくなり、使いにくい。結局、教育に対する一種のバリアになることはあります。だけど野放図にするとまた問題がある。

　MIT（マサチューセッツ工科大学）などがオープンコースウェア(OCW)[1]

というプロジェクトで授業教材を自由に提供していますが、その中でも著作権の問題があがっていて、すべての講義をサイトにアップして全世界の人たちが自由に見ることができるとしたら、そこに貼られた画像はどこにでももっていかれてしまうという現象が起きるわけですね。それをどうやってコントロールするか。まあ、いろんな方法で、たとえば、透かしを入れるなどの方法はあるけれども、結局、やろうという人はいくらでもクリアしてやるので、どのへんまで制約のレベルを軽減するかあるいは解放するか、バランスが非常に難しいのです。

渡辺：個人情報の問題では、学生が入学したときにどのような同意書をもらうか。この範囲内で使いますと決めたうえで、それをちゃんと守る体制がなければならない。技術的には暗号化利用などいろんな対応があります。

1980年ころにCAIをやり始めたころは、私は提供する側の人間だったのですが、学校外から見たときの一番の問題は、学校内ではコピーは自由に許されているという先生の感覚でした。学校の先生方は簡単に「見本おいといてよ」という。教育上の使用は著作権が及ばないという考えでコピーをしたり、改作をしたりする。お金を払わないので、企業側は開発費も出ないという状態でした。私はそれもCAIがだめになった理由の1つだと思っています。

学校ではある程度は法律で許されている面もあるわけですが、許されていることとそうでないことのけじめはきちんと学校の中の人間がつけて、ちゃんとした知識と意識を持ってやらないといけない。これは大きな問題なので、eラーニングで教職員の研修もやらないといけないと思います。

鈴木：学校の図書館でも、文献コピーをする際に注意を促す紙が張り出されるようになりましたね。著作権の処理は必要なことですが、先生方は授業をすることがメインだと思うんですね。授業に使う資料の著作権処理はある程度は先生にもしてもらわないといけないかもしれませんが、外部で補ってあげられるサービスや組織の存在がこれからは求められるのではないでしょうか。

講義を収録して映像にすることも同様で、特別な専門知識なしに簡単に編集できる機能の充実を図り、先生方にはFace to Faceの授業のほうに専念していただく、という考えで取り組んでいます。映像の中の著作権処理で、た

とえばモザイクをかけるという作業は時間もかかって大変なので、講義映像を編集する安価なサービスの実現が望まれますね。

渡辺：映像データで問題になるところにだけモザイクをかけるとなると膨大な時間がかかります。そういう処理をするよりも、著作権者に承諾を取る方が早いかもしれません。オンデマンド教材関連の団体に聞いたことがありますが、著作権処理が必要な場合、電話で承諾をとる場合が多いということでした。まずは教材をつくるときに注意することが必要だと思います。私立大学情報協会で教育コンテンツのデータベースをつくっていますが、著作権の承諾は協会で全部とるということでした。ただ、授業をやった先生自身にも著作権の主張があって、たとえば大学を替わったらどうなるのかなど、大学の中での合意形成ができていない面があるのではないかと感じています。

河合：その部分は、予備校は本当にはっきりしていて、授業映像の商品化を前提にしています。予備校の先生たちも、それを自覚して授業をしている。大学の場合は、授業を販売するという認識はありません。

セキュリティについても、ネットで配信していますが、誰でもが見られるのではなく、対象者のみが受講できるシステムができ上がっています。

鈴木：予備校の著作権処理の仕方は、かなり莫大な金額を投資して、すべてのコンテンツに対して処理をやっていると聞きました。初めから販売するということで割り切っているので、処理に対しての投資は織り込み済みで、かかった費用から逆算してこのコンテンツをいくらで販売しようかということで成立しているわけですね。

渡辺：国語で文学作品を使う場合は、著作権協会と契約するとかやっているということですね。

羽倉：日本の国内の博物館の収蔵物に関するデータベース化が進んでいます。種類によりますが、認められた写真とか、画像は、教材にも使えるようになっています。

渡辺：国土地理院の地図は簡単な手続きにして使いやすくしたようですね。有料で販売しているけど著作権フリーという素材集もときどき見かけます。

　教育用限定で著作権フリー・無料の素材提供が広がっており、「学校教育OK」(「学校教育のための非営利目的利用」OKマーク)[2]という自由利用マー

クもあります。われわれがつくったものを、著作権を主張しないで「学校教育 OK」で配布することを共同作業でやる活動があってもいいですね。

e ラーニングの将来像

渡辺：e ラーニングの将来像を含めて、どのような展望が考えられるでしょうか。
青野：授業を撮ったものをもう 1 回見られます、ということだけではなくて、いろいろな研修や実習を映像に収めて、e ラーニングのデータベースとしてシステムを構築しておけば利用範囲が広がり、記録としても使えるのではないかと考えています。

予備校の場合は、場所も狭いし、十分な台数のパソコンを揃えられないので、Apple iPod touch を使うことを提案しています。そうすると自習室にネットワークを張らないでもそこで受講できる。狭いスペースの活用にもなります。大学では現代 GP の研修会をやっており、参加できなかったメンバーには研修を録画して次回までに見ておくようにと指導しています。将来は e ラーニング教室をつくり、受講できなかった学生の学習に iPod touch を使う方法を考えています。

専門学校では実習・実技が多いので自動的に実習場面を収録して教材をためていくと、実習の比較評価ができるでしょう。e ラーニングなら先生がつくった資料も挿入し、書き込みもしながら記録していくことができます。
渡辺：本学の看護医療学科では、実習室に Power Rec を入れています。学生が実習したものを自分で見て改善することができる。もちろん他の人も見るし、他の教室にいても同時に見ることもできます。さらに、先生方は実習の映像に評価や改善内容まで同時に書き込もうとか、いろいろなアイデアが出ているようです。
青野：教育では、まず、学習に対するモチベーションを高めることが大切です。英語の授業にニンテンドーDS を使っている大学がありました。英語に対する学生の認識度が高まり、勉強する回数も増えて、英語力も高まったとの結果が出ているようです。また、京都の中学校では、ニンテンドーDS を

使って毎朝15分、英語の授業をやっていますが、覚えた単語数が平均で400語程度増え、さらに学習意欲も高まったということです。iPodを使っている大学として東京大学や名古屋商科大学があります。ユビキタス社会が進行する中でeラーニングもかなり身近なものになっていき、それにつれてコンテンツや利用法、利用する空間も多様になっていくことでしょう。

どうなる、セカンドライフの未来

青野：私が今考えているのは、iPod touchで「セカンドライフ」を見ることです。そうなると無線LANがあるところならどこでも受講できるようになります。今でもセカンドライフはドコモの携帯電話ではつながるんです。携帯がなぜいいかというと、文字が打てます。音声も入力できる。ネックは通信料です。iPod touchだと通信費用がいらないのですが、今のところ双方向性が弱い。

渡辺：セカンドライフと関連して考えているのですが、地域というフィールドは重要だと思っています。国立情報学研究所ではネットコモンズというフリーのSNS（ソーシャル・ネットワーキング・サービス）を展開しています。1つの地域の中で、教育、観光、産業などの機関・団体を生活という場でつないでいくというプロジェクトがあります。その中で地域の教育力も学校の教育力も上がっていくのではないかと期待されます。

　それが、次なるセカンドライフにつながる内容かもしれない。セカンドライフはバーチャルに見えるかもしれないけど実は地域社会のリアルな実践があって、だからこそバーチャル世界が生きてくるのではないかと思うんです。

羽倉：セカンドライフというのは、最近話題になっていますが、教育利用の場合、仮想世界での教育にどういう意味があるのか、十分に検討されていないのが実情です。今まさに試行錯誤という感じで、セカンドライフでなければ意味のないようなやり方を志向する時期に入ってきたと思います。実際、アメリカやその他の国でも、セカンドライフの中に教室を設けてやっているケースがあるようですが、まだまだアクセス件数が少ない。というのは、1つにはパソコンの能力が、十分にそれに対応できていないということと、回

線のスピードがまだ十分ではないということで、時期尚早というのが現実的な感じです。コンピュータの能力、画像処理や転送のスピードが上がってきていますから、近いうちに一般的に使える時期が来るでしょう。

一方、教育現場でゲーム機器を使うという試みもありますから、前段階としてゲーム機器が使われて、だんだんセカンドライフ的なものにシフトしていく感じがします。

最近本を読んでいたら、身障者がセカンドライフを使っており、非常に目を輝かしてやっているという文章に出会いました。なぜかというと、アバター（セカンドライフの中の自分）は自分の代わりに自分のできないことを全部やってくれる。つまり、そこに新しい自分を発見している、ということで非常に目を輝かしてのめり込んでいく様子が書いてあるんですね。私はまさに「目から鱗」という感じでした。そういう形で、自分の能力を超えた何物かをそこで発見するためにセカンドライフを使うことができるのであれば、非常に有効な手段になるのではないかと思いました。

もう1つは、外国語学習に使えないかと検討しています。今までだったら文字だけでやりとりしていたものを、画像を使ってジェスチャーも含めて言葉のコミュニケーションができます。日本語も中国語も含めていくつか言葉が使えるようになってきましたが、将来的に、全世界の言葉を学習するのに使えるのではないかと考えています。

渡辺：言語コミュニケーションだけではなくて、非言語コミュニケーションも重要だといわれていますね。それができるということですね。

羽倉：たとえば博物館をつくって、今まで見ることができなかったものをそこで見ることができるようにするとか、バーチャルリアリティの世界での非営利的な活動はたくさんありえます。そういうものに活用していけば、非常に生かされていくでしょう。

もう1つ指摘があったのは、セカンドライフの中で架空のものですがものをつくることができるということです。いろんな人がいろんな部品を持ち寄って共同制作ができるのです。セカンドライフは、1人だけの世界という感じがするけれども実は、共同作業ができる世界なんです。だから、コミュニケーションもあり、ものつくりもあり、学習もありということで、セカンド

ライフを豊かな視点で見ることができる。

渡辺：セカンドライフにたとえば全方位カメラの映像を取り込めば、バーチャルではなくて、リアルな世界と直結した場もつくれるのではないでしょうか。

羽倉：実写を重ね合わせることが可能です。リンクを張るとか。セカンドライフのお店で商品をクリックすると説明が吹き出しとして出てきたり、質問すると答えが返ってきたりするところもあります。

青野：バーチャルの教室をクリックすると実際の教室が出るようにすれば授業を受けることができます。

河合：全方位カメラを人間がたまにしかいけないところに置く。たとえば、イリオモテヤマネコの活動がセカンドライフに入ってくれば面白い。保護活動もできて学習活動にもなり、リアルな社会に多大な貢献をすることになるのではないでしょうか。エベレストから日本海溝の深海まで、リアルなセカンドライフの世界は教育にも大きな影響を与えることができると思います。

渡辺：現実のeラーニングの問題から将来の展望まで話は尽きませんが、今後のわれわれの研究課題も見えてきたように思います。本日は活発な議論、ありがとうございました。

1) http://ocw.mit.edu/OcwWeb/web/home/home/index.htm
2) http://www.bunka.go.jp/jiyuriyo/
3) http://jp.secondlife.com/

事項索引

ASP　*31,58*

CAI　*4,28*
CanGoプロジェクト　*39*
CBT　*4*
CGM　*20*
CMS　*122*

eEurope2005　*18*
e-Japan構想　*10*
el-Net　*15*
e授業　*14*
Eスクエア・アドバンス　*13*
Eスクエア・プロジェクト　*13*
eストラテジ　*18*
eラーニング　*4,85*
eラーニング事業者　*121*
eラーニングシステム　*7*
eラーニングシステムの評価　*8*
eラーニングの利用方法　*40*

GEM　*18*
GETA　*33*
GP　*35,141*

HD　*80*
HDTV　*84*

i2010　*18*
ICT　*1,87*

ICTスクール　*14*
IP電話　*21*
IT基本法　*10*

KiTss-Live　*74*

LAAP　*17*
LIP規格　*17*
LMS　*7,122*
LOM規格　*17*

MIT OpenCourseWare　*18,23*

NTSC方式　*83*

PAL方式　*84*
PINE-NET　*14*

QTI規格　*17*

SCORM　*17*
SD　*80*
SECAM方式　*84*
Second Life　*20*
SNS　*20*
SOHO　*22*
SOMO　*22*

u-Japan構想　*11*
ULC　*12*

UPS *89*
u ラーニング *12*

VOD *12*

WBT *4,6,14*
Web2.0 *20*
WMV 形式 *32*

あ　行

圧縮方法 *48*

イーサネット *85*
医療用カメラ *82*
インターネット *85*
インターネットスクール *22*
インターネット大学 *22*
インタラクティブ性 *3,5*
インタラクティブ・テレビ *101*
イントラネット *85*

映像活用ソリューション *130*
映像管理配信システム *130,147*
映像記録配信サーバ *90*
映像コンテンツ *49*
エル・ネット *15*
遠隔教育 *40*
遠隔教育システム *58*
エンコーダ *90*

オーダメイド型コンテンツ *123*
オープンコース *23*
オンデマンド *41*
オンデマンド教材 *6,75,144*

か　行

カメラの種類 *83*
看護実践能力の獲得を支援するeラーニング *38*
監視映像表示ソフト *92*
監視用カメラ *79,81*

キッツライブ *74*
教育 GP *35,137*
教育的課題 *30*
教育の情報化 *2*
教師のための遠隔大学院カリキュラムの開発 *38*

現代 GP *13,15,34,137,141*

講義映像再生アプリケーション *91*
講義自動収録装置 *122,125*
講義収録システム *132*
講義スケジュール設定アプリケーション *91*
高精細テレビ方式 *84*
高速度カメラ *82*
個人情報 *147*
こねっとプラン *13*
コンサル事業者 *122*
コンテンツ *47,120,122,142*
コンテンツ事業者 *122*
コンテンツ制作 *55,137*
コンテンツの更新 *124*
コンピュータ支援教育 *4,28*

さ　行

サイバー大学　22
サービス事業者　122
産業用計測解析システム　100
3次元仮想空間　52

自作型コンテンツ　124
システム事業者　122
実習教育統合支援システム　40
実習ビデオ　39
実践力をつける実習教育統合支援システム　39
指導案作成支援システム　40
自動収録　91
自動収録システム　103
授業映像配信　3
授業自動収録システム　88
授業方法　61
授業要素　8, 64, 70
情報通信技術　1, 2
新書マップ　32
新100校プロジェクト　13

スクールレス スクール　21
3D仮想世界　20

セカンドライフ　20, 52, 151
全方位カメラシステム　95

想IMAGINE　33
双方向性　3
ソクラテスプログラム　18

た　行

地上波放送　87
中国網絡大学　19
著作権　147

通信衛星　86

デジタルシネマ用カメラ　82
データベース化　37, 48
テレビ会議システム　75

動画コンテンツ　123, 147
動画コンテンツ簡易編集ソフトウェア　128
動画コンテンツの作成　125
特色GP　35, 137

な　行

ネット授業の展開　38

は　行

ハイビジョン　84
バリアブルフレームカメラレコーダ　82
パワーポイント　61
汎用連想計算エンジン　33

ビデオ・テレコミュニケーション・システム　100

フルハイビジョン　85
ブレンディッド・ラーニング　3, 6, 140

放送大学　*88*
放送方式　*83*
放送用カメラ　*79*

ま　行

メタデータ　*16,32,146*
メタバース　*20,52*

や　行

ユビキタスラーニングシステム　*12*

ら　行

ライブ授業　*40*

ライブ授業動画配信システム　*30,74*
ライブ授業配信　*72*
ライブ授業配信システム　*30,59,143*

利用者参加型　*20*

レオナルド・ダ・ビンチプログラム　*18*
レディメイド型コンテンツ　*125*
連想検索機能　*33*

わ　行

ワイヤレスマイク　*90*